1
1%의 노력

1%의 노력

초판 1쇄 발행   2023년 6월 16일

지은이   히로유키
옮긴이   김경인
출판기획   마인더브
등록   2018년 3월 27일 (제307-2018-15호)
펴낸곳   경원북스
주소   서울시 광진구 아차산로 375(B1, 105호)
전화   02-2285-3999
팩스   02-6442-0645
이메일   kyoungwonbooks@gmail.com

ISBN 979-11-975823-8-7 (03190)
정가 15,800원

잘못된 책은 본사나 구입하신 서점에서 교환해 드립니다.

1

1% 부자

히로유키 지음 · 김경인 옮김

진짜 자신의 인생을 살기 위한 최강의 사고법

마인더브

당신에게는
'게으른 재능'이 있는가?

'노력은 중요하다'라고 생각하는 사람에게 꼭 해보라고 권하고 싶은 일이 있다.

스마트폰과 지갑을 집에 두고 나가서, 일주일을 지내보는 것이다. 단, 가족에게 의지하는 것은 금물!

일주일 후, 깨끗한 옷을 입고 배도 든든하게 채우고, 아무 일도 없었던 것처럼 집으로 돌아올 수 있을까?

만약 이것이 가능한 사람이라면, 이 책을 읽을 필요가 없다.
이 책은 이를테면 '레일을 벗어나는 인생'을 연습하는 것이다.

레일을 벗어나 빈손으로 사는 것.
친구 집에서 지낼 때, 나는 무엇을 할 수 있었는가?
공원에서 잠잘 때, 무엇이 하고 싶었는가?
배가 고플 때, 가장 먼저 생각해낸 방법은 무엇인가?
누구를 만나 어디를 가면 제대로 된 생활을 할 수 있을까?

이 모든 것이 당신의 '사는 방식' 그 자체이다.

개미집을 관찰하면 크게 두 가지 유형으로 나뉜다고 한다.
'일개미'와 '일하지 않는 개미'이다.

'일개미'는 맡겨진 임무를 열심히 한다.
집을 청소하고 먹이를 나르고 일사불란하게 일한다.
'일하지 않는 개미'는 늘어져 아무것도 안 하고 지내다, 어쩌
다 한 번씩 어슬렁어슬렁 밖을 나돌아다닌다.
농땡이 치는 것처럼 보이지만, 그러다 '어마하게 큰 먹이'를
발견하고는 집으로 돌아와 보고한다.
그것을 다른 일개미들이 날라온다.

그런 '일하지 않는 개미'가 돼라.
'일하지 않는 개미'처럼 돈과 시간에 얽매이지 않는 상태가
되면, 기회가 보인다.

그야말로 '게으를 재능'이 있느냐 없느냐가 관건이다.
2시간 들여 할 일을 1시간에 해치우고 1시간을 남기는 것.
아니, 30분에 끝낼 수는 없을까 그 방법을 고민하는 것.

이제부터 당신에게 '게으를 재능'이 있는지를 테스트해보고, 그것을 연마하기 위한 '일곱 가지 이야기'를 들려주려고 한다.

목적은 단 하나.
죽을 때까지의 '행복의 총량'을 늘리기 위해서이다.
천재는 '1%의 재능'으로 살고, 범인은 '99%의 노력'으로 산다. 이것의 중간쯤에 위치한 나는 '1%의 노력'으로 최대의 성과를 얻었다.

취직 빙하기에 취직도 안 하고 인터넷에 절어서 사는 생활.
'2채널(2ちゃんねる)'은 다른 서비스의 좋은 점을 흉내 냈다.
'싱글벙글 동영상(ニコニコ動画)'은 도완고(ドワンゴ)의 아이디어에 편승했다.
노력을 안 하려는 노력을 죽어라 한 결과, 지금 나는 프랑스 파리에서 여생을 즐기며 생활하고 있다.

지금까지 헤아릴 수 없이 레일을 벗어났던 나의 '삶의 방식과 사고방식'에 대해서도 들려줄 것이다.

필요했던 것은 돈과 시간이 아니었다.

'사고(思考)'였다.

궁리를 거듭해서 '방법'을 바꿀 수 있어야 하고, 여유를 찾아서 '뭔가'를 하고 싶어지는 것.

요컨대, 내 머리로 생각하는 것이 중요했다.

그러니까 스케줄을 빈틈없이 채우지 마라.

'여백'을 만들어라.

두 손을 다 쓰지 마라.

'한 손'은 비워둬라.

'노력하면 어떻게든 된다'라고 생각하는 사람은 순진하다.

노력으로 어떻게 해보겠다는 사람은 '방법'을 바꿀 수 없다.

그럼 어떻게 '방법'을 바꿀 것인가?

지금부터 '사고방식에 대한
사고방식'을 전수하겠다!!

| 차 례 |

| 머리말 | **'1%의 노력'이란 무엇인가?** •016

에디슨에 대한 오해 016 | 우선은 인생의 결론부터 017 | 바꿀 수 있는 부분은 어디에? 019 | 1억 5천만 엔의 안내원 020 | 생각이 경직되기 전에 021 | 자기 머리로 생각하는 세대 023 | 겉치레 없이 모든 것을 말하다 024

Episode 01

일하지 않는 어른들

'전제조건'에 관한 이야기 •027

에그 스탠드가 있는 집 030 | 아카바네 이야기 034 | 아이 방 아저씨 040 | 지켜야 할 선은 어디에? 042 | 약자의 논리 048 | 기회의 앞머리를 잡아라 052 | 용돈을 받으며 자란 사람은 모르는 것 056

Episode 02

항아리에 무엇을 넣을까?

'우선순위'에 관한 이야기 · 061

대학생에게 해주고 싶은 이야기 064 | 맨 처음 산 컴퓨터 069 | 버릴 것을 결정하는 사고법 073 | 이자만으로 살려고 했다 077 | 아홉 가지의 아르바이트가 가르쳐준 것 079 | 세상은 고교생 수준 083 | 용량이 초과하는 순간 087

Episdoe 03

없어지면 곤란한 것

'니즈와 가치'에 관한 이야기 · 093

가능한 한 하고 싶지 않은 일 096 | 직업을 선택하는 옳은 방법 100 | 모난 돌이 정 맞는다 105 | 스러져간 천재들 111 | 성선설을 전제로 114 | 가치가 있는 것처럼 보이기 116

Episode 04

어디에 있는가가 중요하다

'포지션'에 관한 이야기 • 121

- -

자유로운 광장과 공 124 ┃ 나의 포지션 찾기 128 ┃ 해서는 안 될 말을 하다 132 ┃ 역추세 vs 스테레오타입 135 ┃ 훌륭한 사람과 현장 업무 139 ┃ 나라를 하나의 마을로 보다 142 ┃ 유니크한 사람이 살아남는다 147

Episode 05

마지막에 득을 보는 사람

'노력'에 관한 이야기 • 155

- -

성공률을 높이는 방법 158 ┃ 톱이 아랫사람을 죽일 수 있다 163 ┃ 편함을 좇지만 편할 수 없는 모순 169 ┃ 다 함께 해결한다는 신화 173 ┃ 사회 시스템이 나쁘다 176 ┃ 권위에 약한 나 181

1 1%의 노력

Episdoe 06

내일 할 수 있는 일은 오늘 하지 마라
'패턴화'에 관한 이야기 •189

- -

나는 천재가 아니었다 192 | 심심함을 심심함으로 없애는 기술 198 | 천재를
지원하는 사람 200 | 노력할 방향을 정하다 204 | 제로에서 실적 만들기 206 |
돈벌이 위에 있는 것 209 | 예측 불가능한 것에 대가를 211 | 개인주의의 정도 213

Episode 07

일하지 않는 개미가 되어라
'여생'에 관한 이야기 •219

- -

모든 것을 철저히 조사하라 222 | 식육점을 응원하는 돼지 227 | 과연 의미 있게 살
수 있을까? 230 | 파리의 일하지 않는 개미들 233 | 전 세계에 선의는 있다 236 |
마지막에는 모든 것이 화젯거리가 된다 239

| 맺음말 | •241
| 부록 | **히로유키식 사고 총정리** •245

'1%의 노력'이란
무엇인가?

에디슨에 대한 오해

"99%의 노력과 1%의 천재성."

발명가 에디슨의 유명한 말이다. 이 말의 진의를 많은 사람들이 오해하고 있다.

사실은 '1%의 천재성이 없으면 99%의 노력은 헛되다'라는 의미를 담은 현실적인 말인데, '노력하면 길은 열린다'라는 의미로 널리 알려져 있는 것이다.

발명의 세계에서는 출발점이 중요하다.

'빛나는 구슬 같은 걸 만들어볼까!'

이러한 사고가 선행되었을 때, 비로소 대나무가 됐든 금속이 됐든 재료를 찾아 실험하며 시행착오를 반복하는 그 모든 노력이 빛을 발하게 된다.

천재성도 없이 무의미한 노력만 하고 또 해봐야 의미가 없다는 말이다. 듣기 좋은 말만 늘어놓는 것은 불행한 사람만 늘릴 수도 있기 때문에 썩 좋은 일은 아니다.

이런 생각에 나는 이 책을 기획했다.

우선은 인생의 결론부터

우선 나는 인생에 '살아갈 의미' 따위는 존재하지 않는다고 생각한다.

벌레나 세균에게 삶의 의미가 없는 것과 마찬가지로 지구상의 생물은 지구 열순환시스템의 일부로서 그 기능을 하고 있을 뿐이다. 그렇게 받아들여 **'자, 죽을 때까지 가능한 한 즐겁게 생활하는 게 좋겠지!'**라고 생각할 수도 있다.

행복의 총량을 늘리는 것을 목표로 삼으면 되는 것이다. 그것을 적절하게 잘 가르쳐주는 것이 있다. 바로 '책'이다.

좋은 책을 다 읽으면 '좋은 책을 읽었구나!'라고 생각하게 되는데, 시간이 지날수록 내용은 거의 기억하지 못한다. 기억하고 있더라도 검색해서 조사할 정도의 두루뭉술한 내용밖에 머릿속에 남아 있지 않을 것이다.

누군가 추천해줄 책이 있느냐고 내게 물으면, 한 치의 주저도 없이 《총·균·쇠(Guns, Germs, and Steel)》를 꼽는다. 이 책은 '유럽과 미국의 백인이 세계를 석권한 것은 왜일까?'라는 물음에 증거를 대며 대답을 찾아간다. 결론을 말하면 '유럽에서 아시아로 이어지는 유라시아대륙이 동서로 길었기 때문에 유럽 사람이 패권을 잡았다'라는 것이다.

에디슨과 아인슈타인 같은 천재가 나와서가 아니라, 대륙이 옆으로 길어서 보리나 쌀, 고구마나 옥수수 같은 다양한 곡물이 재배되고 소나 양이나 말 같은 가축도 다품종이 사육되었고, 그로 인한 차이가 커져 남미와 아프리카대륙이 맞서지 못할 기술과 문화로 발전하였던 것이다.

거기에서 내가 유추해낸 답은 '인류의 노력은 거의 무의미하다'라는 것이었다. 제아무리 인간이 애를 써도 대륙의 형태를 바꿀 수는 없다.

내 삶의 방식은 그런 결론에서 역산하여 도출되었다.

바꿀 수 있는 부분은 어디에?

온갖 데이터가 '환경'이 상황을 결정하는 현실을 가차 없이
보여준다.

예를 들어, 도쿄대생의 부모 중 60%는 연간 수입이 950만
엔 이상이다. 부모의 연간 수입이 450만 엔 미만인 도쿄대생은
10%밖에 안 된다. 대학입시는 공평하다. 그런데도 교육환경이
나 학원비 등, 부잣집에 태어났느냐 아니냐가 학력에 크게 영
향을 미친다.

세계 톱클래스의 부자 26명의 자산을 합하면 150조 엔에 달
하는데, 이는 빈곤층 38억 명의 자산을 합한 금액과 같다고 한
다. 이탈리아 피렌체에는 600년 전부터 납세 기록이 남아 있는
데, 그 기록에 따르면 600년 전에 부유층이었던 집안이 2011년
에도 부유층인 채로 남아 있다.

게다가 환경뿐만 아니라 '유전'도 관련이 있다.

학업 성적은 부모의 유전이 60% 정도 영향을 미친다고 알려

져 있다.

연예계에서는 얼굴이나 스타일이 중요한 요소인데, 그것들은 유전으로 결정된다. 어느 정도의 유전적 자질이 있을 때 노력해서 살을 빼는 것 정도는 가능해도, 자질이 전혀 없으면 어찌해볼 수도 없다.

특히 음악적 재능은 90% 정도가 유전자로 결정된다고 알려져 있다. 이 말은 제아무리 아티스트가 되고 싶다 해도 결정적인 것은 유전자에 달렸다는 이야기이다.

노력으로 결과가 달라지는 것도 사실이지만, 인생 출발 지점의 차이로 압도적인 차이가 벌어져 있을 때 그걸 노력으로 메우는 건 상당히 어렵다.

이런 점들을 인정하면서, **'그럼에도 불구하고 바꿀 수 있는 부분'**이 무엇인지 생각해야 한다.

1억 5천만 엔의 안내원

일본에서는 2000년 전후에 IT 버블기를 맞았다.

그 당시엔 IT 기업에 어쩌다 종사하던 사람이 자사주를 배당

받을 수 있었고, 그저 평범하게 일했을 뿐인데 1억 엔을 손에 넣기도 했다. 그 사람에게 1억 엔어치의 우수성이 있었던 것도, 그가 1억 엔어치의 노력을 했던 것도 아니다. 그저 좋은 타이밍에 좋은 장소에 있었던 것이 관건이었다.

구글이 유튜브를 매수했을 때, 안내데스크에서 일하던 여성이 약 1억 5천만 엔을 손에 넣은 사실이 화제가 되기도 했다. 세상에는 그런 기회들도 허다하다.

선행자 이익을 얻을 수 있는 사람은, 자신의 감각으로 움직이는 사람들이다.

"여기 있는 건 안 돼."

"저기로 옮기는 게 좋겠어."

이렇게 느낀 순간, 자기 나름의 생각으로 장소를 바꿀 수 있는 것. 그것이 결정적 요인이 된다. 물론 그리 간단한 일은 아니다.

생각이 경직되기 전에

아마도 오랜 상식은 당신의 유연한 사고를 방해할 것이다.

예를 들어, '은행에 취직했다'라고 부모님께 말하면 '평생직장'이라는 말을 들을지 모른다.

하지만 금융청 조사에 따르면 지방은행의 이익합계액은 해마다 감소하고 있고, 5년 연속 적자를 기록하고 있는 은행은 증가하고 있다. 은행업계는 체력이 부족한 곳부터 하나둘 파산하게 될 것이 뻔하다. 아무리 인기 많은 은행직이라도, 당신이 우수한 노력가라 해도, 일본 전체의 은행 수가 감소하는 물결을 거스를 수는 없다.

그렇다면 새 물결이 밀려드는 업계로 옮기는 편이 좋다.

중요한 것은 자신의 감각이다.

젊은이들에겐 인터넷뱅킹이 당연한 일이고 ATM만 있으면 돈은 얼마든지 찾을 수 있으므로, 은행 창구가 근처에 없더라도 그렇게 곤란하다고 느끼지 않는다. 반면 고령자들은 인터넷뱅킹이 쉽지 않고 이체를 하려면 은행 창구까지 가야 하니 집 근처에 은행이 있어야만 한다. 10년 후, 창구를 많이 만든 은행과 인터넷뱅킹이나 ATM을 편하게 사용할 수 있도록 준비한 은행 중 어느 곳이 경제적으로 잘나갈까?

이처럼 답이 빤한 질문조차 사고가 경직된 고령자에게는 어렵기만 하다. 그만큼 '사고의 습관'은 좀처럼 바꾸기가 쉽지 않다.

젊은이들에게는 앞으로 몇 십 년의 인생이 남아 있지만, 지금 시대에 필요한 지식을 가지고 있지 않은 고령자들 때문에 손해를 보는 것은 결국 젊은이들이다. 고령자는 상황을 피하고 말면 그만이라, 아무래도 상관없을지 모른다.

노력하지 않고도 성과를 낼 수 있는 환경은 어디에 있을까? 그 것을 현재의 정보와 지식을 통해 현명하게 판단하고 선택해야 한다.

자기 머리로 생각하는 세대

나는 1976년에 태어난 '취직 빙하기 세대'이다.

이 세대의 특징 중 하나는 '자기 머리로 생각할 수 있다'라 는 것이다.

우리 위 세대는 버블 세대로 시대를 구가해왔다. 회사에게 보호받아온 세대이기도 하다.

그들 세대가 지금 구조조정의 칼바람에 휩싸여 조기퇴직하 고 있다. 우리 세대는 상황이 나빴던 만큼, 생각하는 것은 어김 없이 우리의 몫이었고 덕분에 능력을 키울 수 있었다. 아이러 니하게도 나쁜 환경에는 사람을 키우는 측면이 있어서, 시대가 나쁜 것이 가끔은 기회가 되기도 한다.

우리 위 세대 중에는 "옛날이 좋았지"라고 말하는 사람이 많다. 하지만 데이터를 잘 살펴보면 쇼와 시대(1926~1989년)보다 헤이세이 시대(1989~2019년)에 살인사건이나 굶어죽는 사례가 적고 행복의 총량이 높았음을 알 수 있다.

인생에서 선택지가 눈앞에 펼쳐졌을 때, 어떤 기준으로 생각할 것인가는 사람마다 각기 다르다. 거기에는 '판단축'이 존재한다. **'사고방식에 대한 사고방식'** 같은 부분이다.

이에 대해서라면 나의 경험을 토대로 이야기해줄 수 있지 않을까 생각했다.

가능한 한 긴 안목으로 '더 나은 선택지를 고르는' 습관을 지닐 수 있도록, 그 근간에 해당하는 부분에 대해 쓴 것이 바로 이 책이다.

겉치레 없이 모든 것을 말하다

어떤 성공한 사람은 "다 같이 열심히 하자! 열심히 하면 행복해질 수 있고, 열심히 안 하면 불행해진다"라고 아무렇지 않게 말한다.

다들 열심히 일한다고 해서 모두가 많은 돈을 벌 수 있는 것은 아니다. 노력 이외의 능력이 필요하다. 능력과 노력이 맞물려야 비로소 결과가 나온다. 그러므로 능력이 없는 사람은 아무리 노력해도 헛될 뿐이다.

다들 밑바닥에서 출발한 성공담을 좋아한다. 힘들어도 이를 악물고 참아내고, 그렇게 성공을 거머쥔다. 그런 해피엔딩을 좋아한다.

하지만 현실은 그렇지 않다.

비싼 지갑을 산다고 부자가 되는 것은 아니다. 그 반대다. 부자가 비싼 지갑을 가지고 있을 뿐이다.

그렇게 인과관계를 잘못 이해하면 사람은 불행해지고 만다.

다만 능력이 있는데도, 노력을 하지 않는 사람이 가끔 있다.

혹은 '환경'과 '유전자'의 영향에 대해 잘 알아서, 자신이 안된다는 현실을 받아들이고 사고방식을 약간 바꿔 행복해지는 사람도 있다.

그런 이들에게 빈말이나 겉치레 없는 충고를 해주고 싶었다. 이것은 커다란 선박의 키를 잡고 1도씩 서서히 진행 방향을 바꾸는 것과 같은 작업이다.

이 책에서는 일곱 가지의 내용을 다룰 것이다.

전제조건, 우선순위, 니즈와 가치, 포지션, 노력, 패턴화, 여생.
이 일곱 가지이다.

각각의 이야기에 중요한 '판단축'을 몇 가지 부여할 것이다.

다수의 비즈니스 서적을 보면 중요한 부분을 강조하기 위해
진하게 표시하는데, 막상 읽어보면 그렇게 중요한 것도 아닌 것
까지 진하게 되어 있는 경우가 많다.

이 책에서는 정말 중요한 문장만 진하게 표시해두었다.

어쨌든, 이번 책은 일정 부분까지는 내가 직접 집필하고 나머
지는 2년의 시간을 들여 편집자에게 이야기를 들려주었다. 내
나름의 '1%의 노력'은 한 셈이다. 나머지 99%는 편집자인 다
네오카(種岡) 씨에게 맡겼다.

이제 이야기를 시작해보자.

Episode

01

일하지 않는 어른들

'전제조건'에 관한 이야기

나는 1976년에 가나가와현에서 태어났고 유소년 시절에 도쿄도의 아카바네로 이사해 그곳에서 자랐다. 초등학생 때부터 'MSX'라는 PC로 프로그래밍을 했었다.

　배드 엔딩으로 끝나는 영화 〈포세이돈 어드벤처〉에 충격을 받아, 기대를 배반하는 전개와 레일을 벗어나는 인생을 좋아하게 되었다.

　'돈이 없어도 살 수 있다.'

　'일하지 않아도 전혀 상관없다.'

　나의 근저에는 이런 생각이 자리 잡고 있다. 분명 세상의 상식과는 정반대일 거라 생각한다.

사고방식에는 가정환경이 영향을 미친다. 이 이야기로 시작하겠다.

에그 스탠드가 있는 집

어른이 된 후 문화충격을 받을 때가 있다.

뜬금없지만 한 가지 질문을 해보겠다.

"당신의 집에는 에그 스탠드가 있는가?"

에그 스탠드란 식탁 위에 '달걀을 올려두기' 위해서만 존재하는 식기이다. 과연 어떨까?

"에그 스탠드 정도는 기본이지!"

"에그 스탠드가 뭔데? 본 적도 없는데."

반응은 이렇게 두 가지로 나뉠 것이다.

먼저 내 생각을 말해보겠다.

오직 달걀을 놓기 위한 식기가 있다니, 이상하지 않은가? 식기야 어떤 것이든 상관없다. 평범한 접시면 달걀뿐 아니라 뭐든 올려둘 수 있다. 그런데 에그 스탠드는 '오직 달걀'에만 사용할 수 있다.

그런 것을 살 '여유'가 있다는 것, 그리고 그것을 당연하다는 듯이 이야기하는 사람이 있다는 사실에 나는 충격을 받았다.

에그 스탠드라는 것을 알고 난 후, 잡화점에 갔을 때의 일이다. 아나나 다를까, 에그 스탠드를 팔고 있었다. 그때까지는 눈에 들어오지 않았던 것이 인식되기 시작한 것이다.

그런데 왜 이런 이야기를 하느냐고? 그것은 비교 대상이 나타났을 때 어떻게 받아들이느냐로 인생이 완전히 달라진다고 생각하기 때문이다.

"아니, 우리 집은 에그 스탠드도 없는 집이야? 창피하게……."

이렇게 받아들이는 사람이 어느 정도는 있지 않을까?

'에그 스탠드'는 하나의 사례에 불과하다.

"유치원에 가기 위해 입학시험을 본 적이 있다."

"해외에 나갈 때는 반드시 비즈니스 클래스를 탄다."

"집에 축구를 할 정도의 넓은 마당이 있다."

사회에 나가거나 SNS를 접하면, 비교할 기회가 증가한다. 특히 대도시로 올라가 대학에 진학하거나 취직해서 도시로 진출

하거나, 혹은 결혼 같은 일생일대의 이벤트로 인간관계에 변화가 생기면 이런 문제에 반드시 직면하게 된다.

살아 있는 한, 항상 '비교 대상'에 노출되는 것이다.

하지만 사람은 비교 대상이 없는 편이 더 행복하지 않을까?

그러려면, '나는 이렇게 살아왔노라'라고 하는 확실한 중심축을 가지고 있을 필요가 있다.

타인이 부러워지려는 순간, 이 말을 떠올리고 자신을 되찾길 바란다.

"에그 스탠드? 딱히 필요 없잖아?"

그럼 인생에서의 갖가지 것들을 돌이켜볼 수 있고 훨씬 편안해질 수 있을 것이다.

- 아이의 입시 = 에그 스탠드
- 비즈니스 클래스 = 에그 스탠드
- 넓은 마당이 딸린 집 = 에그 스탠드

⋮

순간순간 이렇게 대치해서 생각하면 된다. 그야말로 에그 스 탠드를 가지고 있는 것을 당연하다는 듯이 이야기하는 녀석에 게 열등감을 가질 필요가 없다.

부탄이라는 나라가 있다.

원래 가난한 나라로, 농업으로 근근이 살아가고 있었지만 국 민의 행복도는 매우 높았다.

그러던 나라가 경제 발전으로 텔레비전을 볼 수 있게 되면서, '대출'이라는 개념을 알게 되었다. 제대로 된 학교 교육을 받지 못했던 탓에, 대출로 뭔가를 산다는 것에 어떤 저항감도 없었 다. 결국 모두 빚더미에 앉아 이러지도 저러지도 못하게 되고 말았다. 당연히 행복도가 떨어질 수밖에 없었다.

제대로 된 사고가 없는 상태에서 정보만 제공받게 되면 '희생 양'이 되고 만다.

부탄 사람들은 아마 정보가 없었다면 전처럼 행복한 나라로 남았을 것이다. 정보가 때로는 사람을 불행하게 만든다.

아카바네 이야기

내가 자란 곳은 도쿄도의 북쪽, 사이타마현과의 경계에 위치한 기타쿠 지역의 아카바네라는 지역이다. 값싼 술집이 많은 곳으로도 유명하다.

지방에서 보면 도쿄와 별반 다를 것 없는 '도회지', '화려함', '부자 동네'라는 이미지로 각인되어 있을지 모른다. 하지만 전혀 그렇지 않다.

이른 아침부터 상점가에서 술을 마시는 사람들이 많고, 그것을 마을 전체가 허용하는 서민적인 마을이다. 그런 마을에서 유년 시절을 보냈다.

여기에서 나의 어린 시절 이야기를 하는 데는 이유가 있다.

나는 텔레비전이나 이벤트에 강연자로 초대되는 경우가 많다. 그때 "이상한 놈이 이상한 소리만 한다"라는 의견을 간혹 듣기도 하고 인터넷에서 목격하기도 한다. 그런데 나는 그런 말을 들었다고 해서 상대방의 생각을 바꾸려고 굳이 애쓰지 않는다.

그렇더라도 전제나 예비 지식이 달라서 생기는 '차이'는 해소하는 편이 좋다. 그러는 편이 새로운 지식과 정보를 얻을 수 있다고 생각하기 때문이다. 전제가 다르면 사건의 수용 방식이 달라진다.

"월 5만 엔이면 생활할 수 있습니다. 나머지는 저축하세요."

내가 이렇게 말했다고 하자.

"그렇군요, 알겠습니다!"라고 순순히 받아들이고 실행하는 사람과 "아니, 그거야 당신이니까 가능한 거겠죠"라고 반사적으로 비판하는 사람으로 대답이 나뉜다.

이는 '전제조건'이 달라서 나타나는 현상이다. 이것이 이번 에피소드의 주요 테마이다.

나는 젊을 때 하는 고생과 가난 체험은 가능한 한 해두는 것이 좋다고 생각한다. 왜냐하면 급여가 낮아지거나 구조조정을 당하거나 할 때, 생활수준을 낮추는 것이 '감각적으로' 가능하기 때문이다.

이 '감각적으로'라는 말이 중요하다. '논리적으로 알고 있다'와 '감각적으로 할 수 있다'는 비슷한 듯하면서도 전혀 다르다.

어떻게 다른가?

"누구라도 동전 한 닢 정도는 고개 숙이고 부탁하면 줄 수 있다. 그러니까 1억 명에게 동전 하나씩만 받아도 1억 엔은 모을 수 있다."

이것은 이론적으로는 맞는 말이다. 하지만 감각적으로 할 수 있는 일은 아니다.

이런 예는 얼마든지 있다.

새로운 상품이나 서비스가 나왔을 때, '에이, 나도 같은 생각을 하고 있었는데!'라는 생각을 해본 적이 있을 것이다. 하지만 머리로 알고 있는 것과 실제로 행동하는 것은 전혀 다르다. 야구를 보면서 머릿속에서 홈런을 치는 것은 누구든 할 수 있기 때문이다.

자, 본론으로 돌아가자.

"월 5만 엔이면 생활할 수 있습니다."

이 말을 들었을 때 학창 시절이나 사회 초년생 때의 가난했던 시절을 돌이켜보며, 감각적으로 '가난했지만 나름대로 잘 살았었지……'라고 생각하는 사람은 내 말을 이해할 것이다. 반면 어릴 때부터 부족한 것 하나 없이 부모님 댁에 살면서 급여 대부분을 자신을 위해 써온 사람이라면 내 말을 이해하지 못할 것이다.

'이 사람은 특수한 사고방식을 가진 사람이구나!'

이런 작은 의식의 차이는 사람을 배제하는 결과를 초래할 수 있다.

차이를 극복하기 위해서는 어떻게 하면 좋을까?

이렇게 생각해보면 어떨까?

"이 사람과는 '전제'가 다른 게 아닐까?"

사고방식이 다른 사람을 만나면, 이 말을 떠올리고 머리로 생각하길 바란다. 그렇게 하면 편견이 인풋으로 바뀐다. 위화감을 즐기는 사고와 눈앞의 일을 즐기는 기술은 기나긴 인생에 분명 도움이 될 것이다.

이것으로 준비는 완료되었다.

이제 내가 왜 '일하지 않아도 좋다'라고 생각하게 되었는지, 그런 사고를 갖게 된 배경을 이야기해보겠다.

도쿄도 북쪽의 아카바네를 설명할 때 이야기하는 에피소드가 있다.

야마다 다카유키(山田孝之) 씨 주연의 〈도쿄도 기타쿠 아카바네〉라는 다큐멘터리 드라마가 있다. 원작은 탤런트인 단 미츠(壇蜜) 씨와 결혼한 만화가 세이노 도오루(清野とおる) 씨의 작품이다.

아카바네가 무대인데, 머리가 좀 이상한 사람들이 많이 등장한다.

드라마 촬영으로 잠시 건강이 좋지 않았던 야마다 다카유키 씨가 우연히 세이노 씨의 만화를 읽었는데, 그때 야마다 씨는 '나에게 지금 필요한 것은 아카바네다!'라는 생각을 하게 되었다. 그렇게 아카바네로 거주지를 옮기려고 아카바네 상공회의소를 찾아간 야마다 씨가 "아카바네에서 살고 싶습니다"라고 말했을 때, 그곳 소장이 단번에 "그만두는 게 좋을 겁니다"라고 말했다는 것이다.

유명 배우가 그 지역에 살겠다고 하면, 보통은 쌍수를 들고 환영할 법도 하건만 그러지 않았다. 아카바네는 바로 그 정도의 마을이다.

내가 다니던 초등학교 학생의 90% 정도가 단지에 살고 있었다. 주로 '기리가오카 단지'라는 구역이다. 그 외의 10%가 단독주택 그룹으로 이른바 마이너리티였다. 그러므로 내 입장에서는 단지에 사는 사람들이 '보통'에 속했다.

그 무렵부터 줄곧 가졌던 의문은 '단독주택을 가진 사람들은 벽 청소를 어떻게 할까'라는 것이었다. 그렇게 큰 주택을 소유한다는 감각이 이해되지 않았다. 이유는 단순히 버겁기 때문이었다.

뭔가를 소유한다는 것은 그것을 유지하는 일까지 받아들인다는 의미이다. 그렇게 생각하면 가진 게 없는 것도 풍요라고 생각할 수 있다.

앞서 말했던 에그 스탠드 이야기와 마찬가지이다.

'달걀 전용 식기가 있다.' 집안이 부유하냐 아니냐는 결국 이 정도의 차이인 것이다.

단지는 돈만 내면 그대로 살 수 있었다. 사오면 그대로 먹을 수 있는 인스턴트식품 같은 느낌이 들어 편리하다고 생각했다.

당시 2LDK(방 2개에 거실, 식당 공간, 주방이 있는 구조의 집-옮긴이)에 2만 엔 정도의 월세였다. JR 아카바네 역 근처의 역세권이었던 점을 감안하면 파격적인 저가였다. 단, 내가 살았던 곳은 정확히 말하면 기리가오카 단지 옆에 있는 '국세국(國稅局) 숙사'였다. 구조상 거의 단지에 가까웠는데, 국세국 직원만 살 수 있었다.

국세국 숙사이므로 만일 직원인 부모님이 돌아가시면, 1년 이내에 나가야 한다는 규칙이 있었다. 지금 생각해보면 꽤 잔인한 설정이다.

기리가오카 단지들과 국세국 숙사, 거기에 또 하나의 분양단지가 있었다. 분양단지에는 지금 생각해보면 부자들이 많았다.

아이 방 아저씨

지금 인터넷상에서는 '아이 방 아저씨'라는 속어가 유행하고 있다. 스무 살이 넘어도 부모의 집에 여전히 얹혀살고, 어릴 적 쓰던 아이 방에 살면서 여전히 아이 책상과 침대를 사용하는 서른 살, 마흔 살, 쉰 살……이 되어가는 독신자들을 일컫는 말이다. 만혼화와 고령화가 심화되면서 아이 방 아저씨도 증가하고 있다.

이렇게 새로운 어휘들이 생겨나면, 갑자기 새로운 인종이라도 출현한 듯한 착각이 든다.

초식계 남자, 독거노인, 은둔형 외톨이(히키코모리), 몬스터 직원(자기중심적이며 윤리의식이 희박하고 상사의 지시를 무시하고 조직 문화를 훼손하는 행동을 일삼는 직원을 가리키는 말-옮긴이) 등등. 하지만 그들은 어느 순간 갑자기 출현한 것이 아니다. 옛날부터 줄곧 있었다.

'니트족(neet, 15~34세의 자발적 실업자-옮긴이)'이라는 말도 2004년 무렵부터 사용되기 시작한 말인데, 그 이전에도 니트족은 있었다. 몇 백 년 전에도 있었고, 분명 원시시대에도 있었을 것이다.

갑작스럽게 말이 생겨나고, 특히 그 말이 비판적으로 받아들여질 때는 이렇게 생각해보자.

"그들은 태곳적부터 줄곧 있었다."

　다행히도 기리가오카 단지에는 생활보호 대상자들이 상당히 많았다. 아이 방 아저씨도, 니트족도, 우울병자도 내 주변에는 줄곧 있었다. 그래서 어른이 일하지 않는 상황을 나는 당연하게 여겼다.

　이혼도 그렇다.

　당시 자주 어울려 놀던 친구가 있었다. 그 친구의 집에는 아버지와 어머니가 있었다. 하지만 이혼한 상태였다. 단지에 사는 가정이 맞벌이로 수입이 늘면 그에 맞춰 집값이 비싸졌다. 그걸 피하려고 서류상으로 이혼을 해서 모자가정 혹은 부자가정, 즉 한 부모 가정이 됨으로써 집값이 오르는 것을 피했다. 집값을 낮추려고 이혼하는 것이 단지 내에서는 흔한 일이었다.

　그러므로 누구 집이 이혼했다고 해서 딱히 놀라거나 걱정하지 않았다. 아이들도 다들 알고 있었다. 전략적으로 이혼한 사람들이 주변에 많았으므로, 살아가기 위해서라면 서류상의 부부관계 따위는 '어차피 종잇조각'에 불과하다고 생각했다.

지켜야 할 선은 어디에?

가정에 따라서는 아이 방 아저씨·아줌마인 아들이나 딸이 집에 있다는 사실을 부끄러워하는 사람들이 있다.

기리가오카 단지의 경우, 아이 방 아저씨가 많았으므로 "저 집 아들은 뭘 한대요?" "한낮에 건들거리고 다니는데 괜찮을까요?"라고 이웃들이 일상적으로 걱정하는 광경을 흔히 볼 수 있었다. 그것이 그다지 나쁘다고 생각하지 않았는지 부모들도 딱히 감추려 들지 않았다.

당시에는 집을 열쇠로 잠그는 일도 별로 없었다. 어차피 물건을 훔치려는 사람이, 가난한 사람들이 모여 사는 단지에 도둑질하러 올 리는 없을 것이다. 다들 값나가는 물건이 없다는 걸 잘 알고 있었으니 서로 훔치고 말고 할 것도 없었다.

물건이나 돈이 있으면 그것을 지키고 싶어진다. 지위나 자존심처럼 '보이지 않는 것'에 대해서도 마찬가지이다. 사람은 은연중에 최소한의 지켜야 할 선을 설정해두고 산다. 하지만 지켜야 할 선을 높게 설정해버리면, 그것을 유지하지 않으면 안 된다. 그러면 유지를 위한 비용이 발생한다.

하지만 지켜야 할 선이 낮은 기리가오카 주민들은 지켜야 할 것도 적어서 오히려 편하게 생활했다. 가령 생활보호 대상자가 되더라도 같은 단지에 쭉 살 수 있었기 때문에, 그런 사람들도 많았다. 일하고 싶으면 일하면 되고, 일하기 싫으면 생활보호 대상자가 되면 된다.

어느 쪽이 됐든, 그들의 생활은 아무것도 달라지지 않았다. 그만큼 잘 구축된 시스템이었던 것이다.

아이도 많았고 모두가 가난하고 시간이 많았다. 그래서 그 지역 전체가 아이를 키운다는 감각이 있었다. 다른 집 아이를 모두 알고 있어서, 친구 집에서 밥을 먹고 잠도 자고 했다. 지금으로 치면 셰어하우스의 원형과도 같은 '공동체 생활'을 이미 하고 있었다.

가난했던 단지의 풍경을 머릿속으로 빙 둘러보면, 참 좋은 환경이었구나 하는 생각이 최근 들어 자꾸 든다.

그렇다고 '옛날로 돌아가는 것이 좋다'라고 말하려는 것은 아니다. '공동체'와 같은 생태계 안에서 경쟁 없이 여유롭게 지낼 수 있는 협력 관계가 중요하다고 생각할 뿐이다.

고로 나는 '일하지 않으면 안 된다'라는 감각이 압도적으로 희박하다.

한 가지 이유가 더 있다.

내 아버지는 세무 직원, 즉 공무원이었다. 공무원에게는 돈을 벌어야겠다는 상업적 감각이 없다. 당시엔 무슨 일을 하는지 실태를 잘 알지 못했고, 아버지도 집에서 일에 관한 이야기는 하지 않았다.

"오늘은 중대한 프로젝트가 있었다."

"이번 달은 회사에서 천만 엔을 벌었다니까!"

만일 그런 이야기를 어렸을 때 들었더라면 조금은 일한다는 것에 집착하는 성격이 되었을지 모른다.

부모님은 방임주의였다. 고등학교 3학년 때, 친구들과 술을 마신 뒤 자전거로 집에 돌아오다 경찰에게 들켜 파출소에 끌려간 적이 있다. 전화를 받고 파출소로 출두하신 아버지가 싱글벙글 웃고 계시던 모습이 인상적으로 남아 있다. 무슨 큰일을 저지른 것도 아니고, 다른 사람에게 딱히 폐를 끼친 것도 아니라는 사실을 알고 계셨던 것이리라.

'나쁜 짓을 하면 꾸지람을 듣는다'라는 식의 교육을 받았더라면 조금은 사회적인 어른이 되었을지도 모르지만, 그렇지 않았다.

교육이나 환경에 관한 이야기는 다음 에피소드에서 자세히

할 것이니, 이번 에피소드에서는 '전제조건'에 한해서만 이야기 하도록 하자.

어쨌든 단지에 살았던 친구 중 하나는 야쿠자가 되었고, 또 다른 하나는 우익이 되었다고 한다. 그럴 수 있겠구나 이해하 지만, 주변 사람들에게 이런 이야기를 하면 반응은 둘로 나뉜 다. '이크, 무서워라!'라고 생각하거나 '그럴 수도 있지'라고 생 각하거나.

사람마다 '무섭다'의 기준은 다르다.

상사에게 혼이 나면 무서울까, 무직이 되면 무서울까, 빚에 쫓기게 되면 무서울까, 살 집이 없어지면 무서울까……

혹은 나처럼 비교적 아무래도 상관없다고 생각할까?

한 번쯤 자신의 '무섭다'의 '최저변'을 생각해두는 것이 좋다.

"나는 어떤 상황에서 무섭다고 느낄까?"

내 초등학교 친구에게 어느 날 대출업자의 독촉장이 왔다고 한다. 돈을 빌린 기억이 없는 친구가 그 내막을 알아본 결과, 자 기 동생이 형의 면허증을 훔쳐서 형의 명의로 돈을 빌렸던 것 이었다.

"돈을 갚지 않으면 동생을 경찰에 넘길 생각인데, 어떻게 할래?"

이렇게 위협해오니 어쩔 수 없이 그 친구는 동생 대신 돈을 갚을 수밖에 없었다.

이런 일들은 주변에서 얼마든지 목격할 수 있다.

하지만 세상에는 대학에 못 갔다는 이유만으로 '아, 내 인생은 끝장이야!'라고 생각하는 사람도 있다.

그렇게 기준이 높으면 아무래도 살아가기 힘들 것이다.

내 주변에서는 단지 출신 사람들이 다수이고 대졸자가 소수파인데, 못 먹어 죽었다는 사람을 나는 본 적이 없다. "나는 바닥이야. 이제 글렀어!"라고 자포자기하는 사람도, 자기보다 살기 힘든 사람을 주변에서 본다면 자기 삶을 '글렀다'라고 생각하지는 않을 것이다.

그러니 젊을 때 가난한 나라를 봐두는 것도 나쁘지 않을 것이다. 직접 갈 수 있는 형편이 안 된다면, 책이나 영화를 보면 된다. 돈 버는 기술을 배우는 것보다 훨씬 도움이 될 것이다.

미국과 멕시코의 국경 부근은 위험지역으로 유명하다.

대학생 때, 멕시코의 티후아나라는 마을을 여행한 적이 있다. 세계에서 가장 위험한 지역으로 알려진 장소였다.

또 〈브레이킹 배드〉라는 외국 드라마는 주인공이 대마왕으로 변해가는 모습이 아주 인상적인 작품인데, 마피아의 본거지로 미국과 멕시코의 국경 지대를 묘사하고 있다. 엘패소(미국)와 시우다드후아레스(멕시코)라고 불리는 곳이다. 그곳에도 한 차례 다녀온 적이 있다.

'치안이 나쁘다'라는 소문에 오히려 흥미롭다고 느꼈었다. 멕시코를 향해 국경을 넘자 거리는 한산했고, 시장 같은 장소는 백여 곳 중 다섯 점포 정도밖에는 문을 열지 않은 폐허가 되어 있었다. '이 마을은 죽어 있구나'라는 느낌을 안고 국경 쪽으로 돌아와 반대 방향으로 걸어갔다. 그러자 상점가가 나왔다. 거기에서는 사람들이 평범하게 살고 있었고 화려한 카페도 있었다. 가서 보니 흥에 겨운 상점가에서 피자를 먹는 사람들도 있었다. 나는 타코를 주문했다. 역시 맛있었다!

'치안이 나쁘다'라는 이미지는 어쩌면 사고 정지 코드 중 하나일지도 모른다는 생각이 들었다. '밑바닥'이라고 불리는 장소에서도 주민들이 즐겁게 생활하고 있다면, 제삼자가 딱히 이러쿵저러쿵 말하지 않아도 될 일이다 싶었다.

앞서 보았던 '체면을 중시하는 부모의 문제'도 그렇다. 체면을 지켜서 대체 뭘 얻으려는 것일까?

누군가에게 폐를 끼치지 않아야 좋다는 건 알겠는데, 집에 은둔형 자녀가 있건 무직의 아들이 있건 그것이 딱히 누군가에게 폐가 되는 것도 아니다.

위를 보고 비교하는 것은 바보 같지만, 아래를 보고 안도하는 것을 나는 부정하지 않는다.

사고방식에 따라 편안해질 수 있다는 것을 하나의 기술로 익혀두도록 하자. 부모님도 선생님도 가르쳐주지 않겠지만, 그것이 '생존'이라는 것이다.

약자의 논리

남의 잘못을 인정하지 못하는 사람들이 많다. 완벽한 인간이란 없다는 것을 누구나 다 알고 있으면서도 말이다. 엘리트들 중에도 한 껍질 벗기고 보면 나쁜 짓을 하는 사람들이 많다.

초등학교 시절을 돌이켜보면, 학교 선생님께 꾸중 한 번 안 듣고 집에 간 기억이 없다. 친구들한테 장난치는 것은 예삿일이고 수업과는 전혀 상관없는 별개의 행동을 했다. ADHD(주의력결

핍 과다행동장애)였을지도 모른다.

재미없는 수업 시간에는 만화를 읽었고, 선생님께 지적이라도 당하면 "별 도움이 안 되니까 만화를 읽는 편이 더 나아요"라고 대답했었다.

잘못에도 이유가 있다.

잘못된 것에서 눈을 돌리기보다 잘못을 잘못으로 직시하는 편이 좋다.

단지 시절의 친구 하나가 은둔형 외톨이가 되었다는 이야기를 전해 듣고, 그 존재가 줄곧 마음에 걸렸다. 그런데 그 친구가 나중에 '싱글싱글 초(超) 회의'라는 이벤트에 놀러 온 적이 있다.

"어이, 오랜만!"이라고 인사를 건넸다.

이야기를 들어보니 우울증인 듯, 뭔가를 해볼 의욕이 없어 그냥 집에서 빈둥거리고 있노라고 했다. 새로운 뭔가를 해볼 생각이 안 든다는 것이었다.

여느 때와 다를 바 없는 일상적 업무는 할 수 있지만, 그 외의 행동을 하려고 하면 심리적 비용이 커진다. 잠깐 외출을 하거나 타인에게 전화를 거는 것만으로도 체력이 소진된다.

컴퓨터를 익히기 전에 그런 상태에 빠졌다면, 컴퓨터 조작법

습득은 물론이고 인터넷 서비스 공급자와의 계약에 이르기까지, 하나하나의 행동을 제약하는 허들이 너무 높아지고 말았을 것이다.

부모가 잘못해서 그렇게 됐노라고 말하기도 어렵고, 본인의 의사로 이러니저러니 할 수 있는 문제도 아니다. '그렇게 되고 말았다'라고, 그 상황을 받아들일 수밖에 없다.

그리고 단지라는 상자는 그와 같은 존재를 받아들여준다.

다만, 신규로 단지에 들어가기는 어렵다. 입주자가 만원인 상태라 받아주지 않는 모양이다.

지금 기리가오카의 단지들을 하나로 묶어 새롭게 만들 계획이 추진 중이라고 한다. 거대한 고층 빌딩을 하나 세워서, 거기에 모두를 이동시키고 다른 것은 모두 파괴하는 작업을 20년 정도에 걸쳐 시행할 예정이라는 것이다.

내 부모님 세대는 제법 남아 있다고 한다. 다들 알고 지내온 사람들이고 월세도 싸니 딱히 이동할 필요가 없다. 나라가 멋대로 대규모 수선을 해주는 것이라 위험할 것도 전혀 없었다.

그런 의미에서도 일찍부터 단지에 살고 있던 사람들은 큰 혜택을 누리게 됐다고 할 수 있다. 이 같은 권리를 '기득권 이익'이라 부르며 비판하는 사람도 있지만, 나는 그렇게 생각하지 않는다. 가지고 있는 권리는 주장하는 것이 옳다. 다음의 말을 기억해두자.

"사람은 권리를 지키는 생물이다."

자신의 이익은 아무도 지켜주지 않는다. 자기 스스로 지켜라.

지키면서도, 만에 하나 기득권 이익을 파괴하려는 움직임이 있다면 도망갈 길을 준비해두는 것이 현명하다.

회사원으로 일하고 있다면 잘 알겠지만, 어느 회사에나 '일하지 않는 중년'과 '자기 일을 움켜쥔 사람'이 있다. 그들은 그들의 논리로 움직이고 있을 것이다.

약자에게는 약자의 생존법이 있다.

다른 사람을 판단할 때, 수비에 돌입한 사람을 공격하고 싶어지는 마음은 이해한다. 다만, 거기에 정신이 팔려서 인생을 낭비하고 있을 때가 아니다.

자기 인생은 자기가 지켜야 할 시대인 것이다.

한 번이라도 값싼 단지에 살 수 있는 권리를 거머쥐고 나면, 이후 평범하게 일해 돈을 벌 수 있게 되었을 때 자기 대신 친척을 살게 하는 패턴도 있다.

욕실이 없는 단지도 많았는데, 아무래도 불편함이 많아 무리하게 욕실을 설치하는 공사를 많은 집이 실시했다. 베란다 한쪽에 집어넣는 식이었다. 초등학생 때는 그런 집들을 아무렇지 않게 생각했다.

지금 생각해보면, 빌린 집에 살면서 그런 대규모 내장공사를 해도 괜찮았을까 하는 생각이 들기도 한다. 하지만 그들에게는 '평생 이 단지에 살 건데, 뭘!' 하는 각오가 있었던 것이리라.

그렇게 각오한 사람은 고집스럽다. 자존심을 지키는 것이 강자의 논리라면, 권리를 지키는 것이 약자의 논리이다.

기회의 앞머리를 잡아라

이제 중대한 이야기를 시작해보겠다.

왜 여기까지 '전제조건'에 대한 이야기를 했겠는가? 당신이 '기회를 잡는 사람'이 되도록 하기 위해서이다.

무슨 의미일까?

대체로 사람이 일하고 있는지 아닌지는 얼핏 봐서는 알 수 없다. 책상 위에서 손을 움직이고 있으면 일하고 있는 것처럼 보이지만, 실상 아무 생각도 안 하고 있을지도 모른다.

반대로 심각하게 일에 대해 생각하고 있어도 멍하니 딴전을 피우는 것처럼 보이기도 한다. 앞에서도 말했듯이, 나는 생각하는 유형의 인간이다.

빈둥빈둥 게임이나 하고 있는 것처럼 보일 때도, 머릿속은 줄곧 사고하고 있는 중이다. "나는 노력하고 싶지 않아!"라고 단호하게 말하는 사람은 나름대로 확실한 사고를 가진 사람이다.

'노력하면 어떻게든 될지 몰라'라고 보통 사람은 생각한다. 하지만 이것이 의외로 위험하다고 생각한다.

기회라는 것은 갑자기 찾아오는 것이다.

책을 읽어 지식을 쌓고, 열심히 인맥을 넓히고, 정보의 안테나를 부지런히 세우는 것은 노력으로 할 수 있다. 그것은 기회가 찾아올 가능성을 높이는 일이기도 하다.

하지만 기회는 순식간에 눈앞을 스쳐 지나간다.

'행운의 여신의 앞머리'라는 말이 있다. 행운의 여신에게는 뒷머리가 없기 때문에 일단 지나가버리고 나면 잡을 수 없다는 뜻이다.

어느 날, 당신에게 창업 멤버가 되어달라는 의뢰가 올지 모른다. 또는 갑자기 초대받은 술자리에 운명의 사람이 와 있을지도 모른다. 전자나 후자 모두 항상 '여유'를 갖지 않으면 잡을 수 없다.

또 순풍에 돛 단 듯 가던 인생에 위기가 닥칠 때도 있다. 그럴 때도 스케줄에 여유가 없으면 머릿속은 폭발하고 시야는 갈수록 좁아진다.

여유는 온 힘을 다해 만들어둘 필요가 있다. 시간은 남아도는 것이 아니다. 만들어내는 것이다.

세상에는 일정을 빼곡하게 채워놓고 하나하나 차근차근 대처해나가는 유형의 사람이 행운의 여신이 나타나면, 양손으로 공기놀이를 하면서 능숙하게 앞머리를 잡을 수 있을지도 모른다. 그렇지만 평범한 사람에게는 어렵다.

적어도 한 손은 비워둬야 기회를 붙잡을 수 있다.

'노력으로 해결하자'라거나 '노력하면 어떻게든 될 거야'라고 생각하는 사람은 항상 두 손이 꽉 차 있어 기회를 놓치고 만다.

"한 손은 항상 비워둬라!"

이것이 이번 에피소드에서 꼭 말하고 싶은 것이다.

비즈니스의 기회가 눈앞에 나타났을 때, 오른손에 회사원으로서의 입지, 왼손에 한 가정을 책임지는 가장으로서의 입지가 쥐어져 있는 상태라면, 필시 그 기회를 흘려보내고 말 것이다.

축구 선수인 혼다 게이스케(本田圭佑)는 이렇게 말했다.

"다들 슛 연습만 한다. 하지만 그 슛으로 연결시키기 위해서는 상대방을 제치고 좋은 위치에 공을 가져가는 것이 더 중요하다. 그것이 가능할 때 비로소 슛을 연습하는 의미가 있다."

기회를 잡는 것도 비슷하다. 기회를 잡는 연습보다 언제든 기회를 잡을 수 있는 상태를 만들어두는 것이 더 중요하다.

나는 재미있다고 생각한 비즈니스에는 일단 투자하는 경향이 있다. 최근에는 영상 제작자를 구해두고 광고회사가 시안을 가져오면 영상을 제작하게 하는 일을 해보았다. 새로운 것은 아니었지만, 거기에 관여하는 사람들이 재미있을 것 같았다. 내부에서 지켜볼 권리를 얻을 수 있고, 실패하면 실패한 대로 "실패했군!"이라며 웃고 끝낼 수 있다.

이때 회사를 만들거나 주식을 사거나 하는데, '돈 벌고 싶다'라는 마음은 크지 않다. 놀이의 연장선이며, 그 원 안에 들어가기 위한 입장료를 지불하는 감각에 가깝다.

얼마 있지도 않은 돈을 몽땅 들여 창업을 하거나 자신의 생활을 송두리째 바치는 패턴은 권하고 싶지 않다.

세상에는 학생 창업으로 성공한 IT 기업가의 이야기가 유명하지만, 그들은 결코 '무(無)'의 상태에서 대학을 중퇴하고 자신을 송두리째, 속된 말로 몰빵한 것은 아니었다.

여유 있고 재미가 있을 때 비로소 비즈니스는 성공 궤도에 오르기 시작하고, 점차 규모가 커지다 보니 수업에 출석할 시간을 낼 수 없게 된다. 그렇게 되면 먼저 휴학을 선택하지만 나중에는 어쩔 수 없이 학교를 중퇴하게 되는 것이다.

이것을 잘못 이해하고 순서를 반대로 했다가는 비극이 발생하게 된다.

용돈을 받으며 자란 사람은 모르는 것

'노력으로 해결한다'와 비슷한 사고방식이 또 하나 있다.

그것은 '돈으로 해결한다'라는 사고방식이다. 예컨대 '막차를 놓치면 택시로 가면 되지!'라고 생각하는 사람이다. 그 돈을 벌기 위해서 얼마의 시간을 들였을까? 아마 생각한 적도 없이 하루하루 낭비하고 있을 게 분명하다.

유년기에 '용돈제도'에 속해 있었던 사람은 돈 모으기가 어렵다고 한다.

나는 고등학생이 된 후부터 용돈을 받았기 때문에 그때까지는 돈이 없는 상태로 줄곧 지내왔다. 부모님께 "용돈 주세요"라고 말하기조차 싫었던 중2병 같은 것도 있었다. 초·중학생 때엔 돈을 쓰지 않아도 그냥 지낼 수 있다. '쓰면 돈이 줄어든다'라는 감각도 둔해지지 않는다.

만일 유년기부터 매월 일정한 금액을 용돈으로 받았다면, '다음 달이 되면 또 받을 테니까 괜찮아'라는 생각으로 마음껏 써버렸을 것이다.

사고 싶은 것은 별로 없었다. 친구 집에 가면 게임이 있었으므로 게임이 하고 싶으면 친구 집에 놀러 가면 되고, 하고 싶은 게임이 있으면 친구에게 "저거 엄청 재미있대!"라고 말해서 사게 하면 된다.

친구들끼리 서열을 놓고 경쟁하는 일도 없었다. 거듭 말하지만, 내가 살던 지역은 기본적으로 모두가 밑바닥이었으므로.

단지에서의 생활과 용돈을 받지 않았던 것이, 어른이 되어 생각해보니 큰 득을 본 것 같다. 돈을 쓰는 것이 즐거운 사람, 쇼핑을 즐기는 사람은 그 성격 때문에 살면서 엄청난 비용을 지불하게 된다. 그만큼 일해서 벌지 않으면 안 된다.

뜬금없는 소리 같지만, 거기에 어울리는 사람과 어울리지 않는 사람으로 나뉜다.

나는 항상 이렇게 생각하려고 한다.

"돈이 없어. 자, 어떻게 하지?"

이 생각이 뇌를 풀가동시킨다.

'다른 것으로 대체할 수 없을까?'

'직접 만들 수는 없나?'

'누군가 부탁할 사람이 없을까?'

이렇게 내 머리로 생각하는 것이다.

돈으로 해결하려는 사람은 상황을 깊이 있게 생각하려 하지 않는다. 또 돈으로 이어진 관계는 돈을 이유로 헤어지게 된다. 성공한 기업가가 위기에 봉착했을 때, 하나둘 사람들이 떠나가는 이야기는 유명하다.

돈으로 해결하느냐 마느냐의 원체험은 바로 유소년기의 용돈제도라고 생각한다.

돈을 헤프게 잘 쓰는 것은 대개 모자가정이나 생활보호 가정의 아이들이었다. 부모님의 금전 감각이 잘못된 탓에 아이들도 그것을 보고 배우는 것이다. 중학생이면서 매달 1만 엔의 용돈을 받는 아이도 있었는데, 지금 생각해보면 그 집은 모자가정으로 많이 힘든 상황이었다.

내가 살던 지역에서는 비행 청소년이 되는 경우가 주류였지만, 그들 대부분이 결국엔 제대로 된 사회인이 되어 가정을 꾸리고 정상적인 삶을 살아가고 있다. 동료와 친구를 소중히 여기고 체력을 갖추고 있어, 돈이 아닌 다른 에너지를 쓸 수 있었기 때문이다.

그 같은 에너지가 없다면, 노력해서 저축하는 습관을 갖는 것이 좋을지 모른다. 자신이 어떤 유형인지 잘 판단해서 돈과 잘 사귀어가길 바란다.

지금까지 나의 어린 시절 이야기를 통해 사고의 원점에 대해 설명했다.

다만 내가 나고 자란 국세국 숙사는 이제 사라지고 없다. 내가 다녔던 초등학교와 중학교도 저출산으로 인해 없어지고 말았다. 유치원도 다니던 중에 망해서 다른 곳으로 옮겼는데, 그곳도 망하고 말았다.

이렇듯 나의 추억의 장소는 하나둘 사라지고 없다. 유치원,

초등학교, 중학교가 사라졌다. 고등학교는 아카바네 옆에 위치한 이타바시였으므로 살아남았지만, 내가 살던 곳에서 다녔던 장소들은 모두 흔적도 없이 사라지고 말았다. 그러므로 나에게는 '고향이 남아 있어서 그곳을 지킨다'라는 감각이 소멸되고 없을지도 모른다.

하지만 그러는 편이 편하긴 하다. 그리워할 시간도 그다지 필요하지 않고 딱히 집착할 것도 없다.

나는 항상 두 손을 비워둔 채 살아가고 있다.

Episode
02

항아리에 무엇을 넣을까?

'우선순위'에 관한 이야기

1996년, 나는 재수 끝에 주오(中央)대학에 진학했다.

입시 공부를 하고 싶지 않은 마음에 용어집이 가장 얇은 정치경제를 골랐고, 내 학력으로 합격할 수 있는 대학을 선택했다. 시험은 마크시트(문자, 숫자, 기호 따위를 인쇄하여 연필 등으로 정보를 기입하고, 판독 장치로 읽을 수 있게 만든 용지-옮긴이)식이었고, 최소한의 점수로 합격했다. 결코 도쿄대를 지원한다거나 하는 일 따위는 하지 말고, '대졸' 간판만 따놓자고 생각했다.

나는 그렇게 해서 살아남은 유형이다. 대학에 가서도 학문을 수양하겠다는 의식은 없이 최단기간에 학점을 이수하고 세월아 네월아 하며 모라토리엄(지급 유예) 생활을 만끽했다.

시간이 남아돌면 뭔가가 하고 싶어진다. 아르바이트 대신 심심풀이나 하자는 생각으로, 친구들과 홈페이지 제작 회사인 '도쿄액세스(東京アクセス)'를 설립했다.

학생 창업을 한 후, 1년간 미국으로 유학을 떠나면서 '이대로 취직을 안 하고도 살 수 있겠는걸!' 하는 생각을 했다. 이제부터는 그렇게 레일을 벗어나게 된 순간에 대해 이야기해보려고 한다.

대학생에게 해주고 싶은 이야기

젊은이, 특히 대학생에게 곧잘 듣는 질문이 있다.

"지금, 무엇을 하면 좋을까요?"

대답은 간단하다.

대학생이라면 평범하게 공부해서 졸업하면 되고, 기본적으로 '하고 싶은 일'을 하면 된다.

진심을 말하면 그렇다는 얘기이고, 무엇을 해야 할지 결정하기 위한 사고법이 있으므로 그 이야기부터 해보자.

《나는 7년 동안 세계 최고를 만났다》알렉스 바나얀, 김태훈 역, 알에이

치코리아, 2019년. 원제는 《The Third Door》이다 – 옮긴이)라는 책에는 워런 버핏의 조언이 소개되어 있다.

앞으로 1년 동안 이루고 싶은 일을 스물다섯 가지 적고, 그 중에서 3개월 이내에 이루고 싶은 것을 다섯 가지만 고른다. 나머지 스무 가지는 '하지 않을 일 리스트'로 분류해 일단 일상에서 지우고 잊어버리도록 한다. 핵심은 선택한 다섯 가지에 집중하라는 것이다.

또한 이걸 버핏이 실제로 실천한 것은 아니라는 사실을 책에서 밝히고 있는데, "역시!"라고 할 만한 매력이 있다.

만일 내가 학생들 앞에서 강연을 하게 된다면, 한 가지 이야기를 꼭 들려주고 싶다. 인터넷상에서 유명한 '이 항아리는 가득 찼는가?'라는 이야기이다.

아는 사람도 있겠지만, 시간이 지나 모르는 사람이 많아지는 것 같아 조금 길지만 인용하기로 한다.

어느 대학에서 이런 수업이 있었다.

"퀴즈 시간이다!" 교수는 이렇게 말하고 커다란 항아리를 꺼내더니 교탁 위에 올려놓았다. 그 항아리에 그는 돌덩이를 하나하나 집어넣었다. 항아리가 꽉 차도록 돌덩이를 넣더니, 교수는 학생들에게 물었다.

"이 항아리는 가득 찼는가?"

교실에 있던 학생들이 "네!"라고 대답했다.

"정말인가?" 교수는 이렇게 되물으며 교탁 아래에서 자갈이 한 가득 담긴 양동이를 집어 들었다. 그러고는 자갈을 항아리 안에 붓더니 항아리를 흔들어대면서 돌덩이와 돌덩이 사이를 자갈로 채워갔다. 그리고 다시 한번 물었다.

"이 항아리는 가득 찼는가?" 학생들은 대답하지 못했다.

한 학생이 "분명 아니겠죠?"라고 대답했다.

교수는 "그렇다" 하고 빙그레 웃으면서 이번에는 교탁 아래에서 모래가 든 양동이를 꺼내 들었다. 그것을 돌덩이와 자갈 사이사이로 들이부은 후, 세 번째 질문을 던졌다.

"이 항아리는 가득 찼는가?"

학생들은 한목소리로 "아니오!"라고 대답했다. 교수는 이번에는 물병을 꺼내서 항아리 가득 물을 부었다. 그는 학생들에게 마지막 질문을 던졌다.

"내가 무엇을 말하고 싶은지 알겠나?"

한 학생이 손을 들었다.

"아무리 스케줄이 꽉 찼을 때라도 최대한의 노력을 하면 언제든 예정대로 해낼 수 있다는 겁니다.”

“틀렸다”라고 교수는 말했다.

“중요한 포인트는 그것이 아니다. 이 이야기가 우리에게 시사하는 진실은, 커다란 돌덩이를 먼저 넣지 않는 한 그것이 들어갈 여지는 이후 두 번 다시 없다는 사실이다.”

교수는 이야기를 이어갔다.

“여러분의 인생에서 ‘커다란 돌덩이’는 무엇일까? 그것은 직업일 수도 있고, 의지일 수도 있고, 사랑하는 사람일 수도 있으며, 가정일 수도 있고, 자신의 꿈일 수도 있고……. 여기에서 말하는 ‘커다란 돌덩이’란 여러분에게 가장 소중한 것이다. 그것을 가장 먼저 항아리 안에 넣도록 해라. 그렇게 하지 않으면 여러분은 그것을 영원히 잃게 된다. 만일 여러분이 작은 자갈이나 모래, 즉 여러분에게 중요성이 낮은 것부터 항아리 안을 채워간다면 여러분의 인생은 중요하지 않은 ‘뭔가’로 가득 차게 될 것이다. 그리고 커다란 돌덩이, 즉 여러분에게 있어 가장 소중한 것에 할애할 시간을 잃고, 그 결과 그것 자체를 잃고 말 것이다.”

자, 어떤 생각이 드는가?

인생에서 무엇을 우선시할 것인가는 한 번쯤 진지하게 생각해둘 필요가 있다.

"나에게 '커다란 돌덩이'는 무엇일까?"

항상 스스로에게 묻도록 하자. 그리고 할 수 있다면 말로 표현해서 다른 사람에게 전하는 것이 좋다.

"나에겐 '식사'가 중요하기 때문에 그냥 그런 식당에는 안 갑니다."

"1년에 한 번은 '해외여행'을 가고 싶으니까, 미리 휴가 일정을 잡아두고 싶습니다."

"아이와의 시간만큼 제게 소중한 건 없습니다. 그래서 오후 5시 정각에는 반드시 퇴근하겠습니다."

이런 것은 당당하게 표명하는 것이 좋다. 혹 불평을 듣더라도 맞대응할 수 있도록 이론 무장을 해두는 것도 좋은 방법이다.

우선시할 것을 정했다면 그대로 행동하라.

'우선순위'가 이번 에피소드의 관건이다.

이것이야말로 매일을 행복하게 사는 비결이라고 생각하기 때문이다.

나에게 가장 큰 돌덩이는 '수면'이다.

지각을 하든 뭐를 하든 '지금 자고 싶다'는 기분을 가장 중요하게 생각한다. 나중에 혼나게 되면 무릎이라도 꿇고 사죄하면 된다. 이에 대해서는 지인과 친구, 사업 파트너에게도 당당하게 선언한다.

직장이나 일은 나에게 자갈이나 모래 혹은 물에 지나지 않는다. 그런 것들을 먼저 항아리에 넣어버리면, 어떻게든 수면을 줄이지 않으면 안 되게 된다. 그런 인생은 죽어도 싫다.

맨 처음 산 컴퓨터

의외라고 생각할지 모르지만, 대학은 거의 모든 학점을 이수하고 졸업했다. 모든 수업에 출석한 것은 아니다. 출석하지 않고도 학점을 받을 수 있는 수업을 골라, 최단거리로 졸업한 셈이다.

졸업증서를 받으려고 대학에 간 것이므로, 출석한 수업에서 낙제하는 것만큼 시간 낭비도 없다. 그래서 출석한 이상은 전부 이수했다. 성적은 나빴지만, 졸업증서에 성적이 적히는 것이 아니므로 괜찮았다.

대학 생활에서는 시간이 남아돌았다.

1997년, 대학교 1학년 겨울에 컴퓨터를 샀다. 다이나북의 중고 제품으로 10만 엔 정도였다. "이제 드디어 집에서 인터넷을 할 수 있게 되는구나!" 하고 감동했었다.

그 10만 엔의 본전을 뽑기 위해 현상 공모 사이트란 사이트에는 모두 응모했다. 시간 낭비를 피하기 위해 시간 도둑이 될 만한 사이트(커뮤니티나 성인 사이트)는 안 본다는 규칙을 정했다.

그 당시에는 아직 재미있는 사이트도 적었으므로, 한 차례 쭉 둘러보고 나니 '이번에는 내가 한번 만들어볼까?'라는 생각이 들었다.

맨 처음 만든 것은 '교통 위반의 은폐 방법'이라는 페이지였다. 법망을 빠져나갈 구멍을 생각해내는 것이 좋아서, 도움이 될 만한 정보는 자진해서 공유하는 습관이 당시부터 있었다.

인생이라는 항아리에 넣을 커다란 돌덩이로 '수면'을 선택했다는 것은, '샐러리맨 생활이 불가능하다'라는 걸 의미한다. 아침 일찍 출근하는 것을 포기하고 직장 생활이 불가능하다는 사실이 분명해지면, 그렇더라도 어떻게든 살아갈 수 있도록 역산을 해서 사태를 파악할 수 있다.

그래서 대학교 2학년 봄, 나는 친구들과 창업을 했다. 이유는 시간을 죽이기 위해서였지만, 세상은 마침 인터넷 여명기였다. 일거리가 물밀듯 밀려들었다.

대학교 3학년 때 미국 아칸소주립대학으로 유학을 떠났다. 미국의 시골은 정말 할 것이 아무것도 없는 곳이어서, 방대한 시간이 주어졌다. 유학 중에도 홈페이지 제작 일을 계속했다.

"이렇게 외국에서도 돈을 벌 수 있다면, 굳이 일본에 있을 필요도 없겠군."

이윽고 이런 사실을 깨닫고 말았다!

일본이라는 틀을 벗어나서도 살 수 있다는 깨달음을 얻었으므로, 언제 어디서든 살아갈 수 있다는 자신감이 싹텄다.

해외에서의 인간관계가 전무하더라도, 그곳에서 친구를 만드는 경험을 해보면 어디에 가든 어떻게든 되리라는 확신이 생긴다. 그것이 지금 파리에서의 생활에도 적용되고 있다.

일본이 줄곧 1억 정도의 인구를 유지할 수 있다면, 나도 일본에 남는 쪽을 고려했을지도 모른다. 하지만 앞으로 인구가 지속적으로 감소한다면 일본에 남아 있는 이점은 적다.

버블 시대를 경험한 사람은, "일본도 머잖아 어떻게든 될 거야!"라는 믿음을 저버리지 못한다. 시대가 좋으면 달리 뭘 하지 않아도 어떻게든 되니까.

하지만 우리는 달랐다. 우리 세대는 취직 빙하기였으므로, 자기 두뇌로 철저하게 생각해서 논리를 세우지 않으면 살아남을 수 없었다. 그것은 인터넷 세계에서도 마찬가지이다. 인터넷상의 의견을 관찰하노라면, 논리가 승리하는 장면이 대다수다.

"A는 좋지만, B는 나쁘다."

"아니, A가 나쁘고 B가 좋다."

이런 논의가 불꽃처럼 일다가 최종적으로는 논리가 맞는 의견이 승리한다. 집단으로서의 판단, 즉 다수의 지성이 작용하는 것이다.

다만 그런 집합적 지성이 통하지 않을 때도 있다.

아이돌의 인기투표 같은 것이 그렇다. 예쁘다, 안 예쁘다는 주관에 달렸다. '논리의 세계'가 통하는 곳과 그 밖의 '취미의 세계'가 있다.

"이것은 논리의 세계인가, 취미의 세계인가?"

취미의 세계일 때는 어느 쪽이든 상관없다고 판단한다. 좋아하는지 싫어하는지를 놓고 논의하는 것은 프로레슬링 놀이를 하는 것과 같다. 취미의 세계에서는 진지해지지 않는다. 즐기기만 하면 된다. 그렇게 정하는 것만으로도 인생은 편해진다.

옛날 같으면 회사에서도 가정에서도, 닫힌 세계의 부조리를 받아들이고 인내를 강요당하면서 살 수밖에 없었다. 상대가 연상이거나 강압적이거나 목소리가 큰 사람이면, 말없이 참을 수밖에 없었다.

하지만 인터넷 세계에서는 항상 '제삼자들'이 옆에서 지켜보고 있다.

"아, 가엾어라!"

"저놈은 벌거벗은 임금이다!"

그렇게 보호를 받고 불타오른다. 입지에 좌우되지 않고 옳은 의견을 말할 수 있는 사람이 유리해진 것이다.

나는 분명 인터넷의 은혜를 입은 이들 중 한 사람이다. 그렇게 나는 인터넷에 내 인생을 아낌없이 바치게 된다.

버릴 것을 결정하는 사고법

'수면을 취한다', '대학을 졸업한다'라는 우선순위를 확고히 함으로써, 나의 인생은 활짝 피기 시작했다.

그렇지만 소중한 것이 너무 많아서 머릿속이 뒤죽박죽이 되는 사람도 많다. 그런 사람들은 왜 생기는 걸까? 이유 중 하나는 정보가 너무 많기 때문이다.

"이 책은 꼭 읽어야 해."

"영어와 중국어를 할 줄 알아야 성공할 수 있다."

이런 정보의 자극을 끊임없이 받노라면, 우선순위의 축이 흔들릴 수밖에 없다. 우선순위가 분명하지 않은 채, 할 수 없는 일들만 늘어나다가 결국 인생은 불행해지고 만다.

그래서 '사고방식에 대한 사고방식' 한 가지를 알려주려고 한다.

"그것은 회복이 가능한가?"

이것은 하나의 판단축이다. 만약 회복이 가능하다면 뒤로 미뤄도 좋다는 규칙이다.

앞서 말했던 '커다란 돌덩이' 이야기와 함께 생각해보면 좋을 것 같다.

나의 경우, 수면 부족으로 머리가 멍한 상태에 빠지면 다른 방법으로 회복할 수가 없다. 잠이 부족하면 멍 때리고만 있으니 잠을 잘 수밖에 없다. 그래서 수면을 중요시한다.

또 세상 돌아가는 이치로 보면 금연이 대세이지만, 나는 내 기준에 따라 담배를 끊지 않는다. 담배를 너무 많이 피워서 새까맣게 된 폐 사진을 본 적이 있을 것이다. 하지만 금연 후 10년 정도 지나면 폐가 깨끗해진다는 사실은 잘 알려져 있지 않다. 폐 역시 세포로 되어 있으므로 10년 정도 지나면 모두 좋아지기 마련이다. 즉 폐도 회복이 가능하다고 인식하고 있기에 나는 담배를 끊지 않는다.

이런 식으로 불가역적으로 돌이키지 못할 것을 우선시하면 후회가 줄어든다.

"공부를 안 해서 초조하다."

"뭔가를 꼭 사야 될 것 같아."

이런 순간, "커다란 돌덩이는 무엇일까?" "그것은 회복이 가능한가?"라고 자문자답함으로써 극복할 수 있다.

일주일 후 시험이 있다고 생각해보자. 가장 먼저 할 일은 '어느 정도의 시간이 있으면 좋은 점수를 얻을 수 있을까?'를 부감하여 생각해보는 것이다. 만일 하루로 충분하다면 시험 전날만 공부하기로 하고 그때까지는 실컷 놀면 된다. 다소의 죄책감을 가지고 노는 것만큼 스릴 있고 즐거운 일은 없다. 만일 일찍부터 시작하는 부류라면 첫날 하루만 하면 된다.

그렇지만 세상사라는 것이, 뭔가가 낭비냐 아니냐를 정의하기란 쉬운 일이 아니다. 학교 공부가 사는 데 별 도움이 안 되고 만화에서 읽은 지식이 더 도움이 될 때도 있다.

다만 나중에 얻을 수 있는 것이나 회복이 가능한 것은 일단은 '낭비' 쪽으로 빼놓는 것이 좋다. 물건을 사는 것도, 만일 내일 살 수 있는 것이라면 굳이 지금 안 사도 된다. 내가 줄을 섰던 기억은 초등학교 시절 〈터미네이터 2〉를 보기 위해 영화관에 갔을 때 정도가 고작이다. 그런 것이다.

줄을 서는 것이, 체험으로서 어떤 가치로 전환할 수 있는 것이라면 좋다. 유튜버가 새로 발매된 상품을 한발 앞서 사 와서, 상자를 열어 보이는 영상을 올리거나 SNS로 발신하는 것과 같은 경우이다. 그렇게 소비를 체험으로 연결하면 된다.

우선순위를 결정하기 위한 사고법을 가지고 있으면 인생에 유리하다.

이자만으로 살려고 했다

우선순위를 정했다면 다음은 목표를 정한다.

지루하게 대학 생활을 보내고 있던 나는, 어떤 일을 계기로 인생의 목표를 정하게 되었다. 그것은 우체국의 정기예금 때문이었다. 당시 3%의 이자가 붙는 정기예금이 있었다.

"5천만 엔의 저축이 있으면 일하지 않아도 150만 엔을 벌 수 있다."

그렇게 되면 평생 빈둥빈둥 살 수 있다고 생각했다.

꿈 같은 이야기로 들릴지 모르지만, 1980년대 전단지를 보면 더 엄청나다. 당시의 '할인금융채'라는 곳에서는 6%의 이자가 붙는 것도 있었다. 100만 엔을 저축하기만 하면 매년 6만 엔을 이자로 받을 수 있었던 것이다.

그런 시대였으니 저축만 해두면 그때부터는 아무것도 안 하고도 돈을 벌 수 있었기 때문에, 일단 취직부터 해서 열심히 일해 저축을 해야겠다고 생각했을지 모른다.

그런 이유로 대학생 때 5천만 엔을 저축해서 이자로 살아야겠다고 결심했다.

학창 시절이란 게 기껏해야 한 달에 6만 엔도 안 쓰는 생활이었으므로, 5천만 엔을 저축하면 지금과 같은 생활을 영원히 누릴 수 있으리라 굳게 믿었다.

"자! 5천만 엔을 모으려면 어떻게 하면 될까?"

그때부터 나는 이 생각뿐이었다.

인생의 목표가 정해진 순간이었다.

"나는 어느 목표를 향해 가고 있는가?"

목표가 있으면 막연하게나마 향해가고 있는 방향이 분명해진다. 그림에 그려진 떡 정도가 딱 좋다. 지나치게 구체적인 목표보다는 막연하게 '이렇게 되면 좋을 텐데……' 하는 상태를 상상해보라. 그러면 어느새 그 방향을 향해 하나하나의 행동이 이어지게 된다.

"5천만 엔을 모으려면, 특허를 따서 한 방에 해치울 필요가 있다."

머릿속 한구석에 이런 생각을 가지고 있는 것과 없는 것의 차이로 하루하루의 생활태도가 달라진다.

하지만 지금의 은행 이자는 0.1%에도 못 미친다. 1억 엔을 모은다고 쳐도 10만 엔. 10억 엔일 때 겨우 100만 엔. 당시의 나와 같은 생각을 갖기는 힘든 시대이다.

단, 근본적으로는 '돈을 최대한 안 쓰는 생활을 하면서 한탕을 노린다'라는 것에는 변함이 없을 것이다.

일반적인 샐러리맨의 롤 모델은 이랬다. 퇴직까지 5천만 엔을 저축하고 퇴직금으로 5천만 엔을 받으면 1억 엔이 되니까, 이자 10만 엔과 조금의 연금을 받을 수 있다. 그런 풍요로운 생활이 하나의 모델이었는데, 그것도 지금은 일부 성공한 샐러리맨에게나 해당하는 이야기이다.

한시라도 빨리 사고방식을 바꿔서, 자신의 목표와 하기 싫은 일을 명확히 하고 하루하루를 즐겁게 사는 편이 현명할지도 모른다.

아홉 가지의 아르바이트가 가르쳐준 것

샐러리맨 생활은 적성에 안 맞는다고 생각했는데, 단순히 이미지만 가지고 그렇게 정했던 것은 아니다. 어쩌면 나와 일하는 이미지가 어울리지 않는다고 생각할지도 모르겠다. 하지만 학창 시절에는 참 많은 아르바이트를 했었다.

목적은 남아도는 시간을 어떻게든 소비하는 것이었는데, 아르바이트는 나름대로 즐겁게 할 수 있었다. 생각나는 대로 열거하면 편의점, 슈퍼 반찬 판매대, 라면집, 포르노 비디오 전단지 배포, 휴대전화 회사의 전화 응대, 학원 강사, 청소 용역, 피자 배달원, 택배원 등 당장 떠오른 것만 해도 아홉 가지 이상의 아르바이트를 했었다. 대개는 1년 정도씩 일했다.

무엇보다 휴대전화 회사의 전화 응대 일이 인상적이었다. 이쪽에서 영업을 하는 것이 아니라 걸려오는 전화를 받기만 하면 되는 것이어서 즐겁게 일할 수 있었다. 그 일을 하면서 배운 것은 '세상에는 대화가 되지 않는 사람이 있구나!'라는 것이었다. 몇 명에 1명꼴로 클레임 전화가 걸려왔는데, 갑자기 고함을 치는 사람이 있는가 하면 이쪽에서 하는 말을 도통 이해하지 못하는 사람도 많았다.

랜덤으로 여러 사람과 접촉하는 일은 한 살이라도 젊었을 때 해두는 편이 좋을지도 모른다. '이런 사람에게는 이렇게 대응하면 되는구나!'라는 것을 망라해 배울 수 있다. 만화에서나 봤음직한 이상한 일본어로 말하는 중국인도 있었고, 일부러 전화를 걸어서 지금 시간을 묻는 아날로그적인 할아버지도 있었다. 어쨌든 참 다양한 사람의 패턴을 알게 되었다.

그런 식으로 재미있게 일했기 때문에, 아르바이트 중에 휴대전화 고장만 담당하는 창구로 부서 이동을 하는 출세까지 했다. 직원의 감시를 전혀 신경 안 써도 되는 환경을 획득할 수 있었던 것이다. 게임보이로 '포켓몬'을 하거나 《점프》(일본의 만화 주간지-옮긴이)를 읽으면서, "네, 그 점은 정말 죄송하게 됐습니다"라고 진지한 목소리로 수화기에 대고 응대했다.

'세상, 의외로 참 쉽다!'라는 사실을 그때 알아버렸던 것 같다. 회사라는 곳이 얼핏 보면 참 반듯한 곳 같지만, 실제로 들어가서 보니 실태는 '그런 것'이었다.

"세상은 참 쉽고, 의외로 잘 돌아간다."

그것을 체험했다는 것만으로도 비즈니스의 허들은 낮아지고, 기업을 상대할 때도 평상심을 유지할 수 있다.

아르바이트 경험조차 없이 애당초 '이런 한심한 일을 내가 할 것 같아?'라는 식의 사고를 가진 콧대 높은 사람은 인생에서 손해를 보게 된다. 무슨 일이든 즐기며 다소 얕잡아보고 덤비는 정도가 딱 좋다.

'전단지 배포'라는, 얼핏 재미도 뭣도 없을 것 같은 아르바이트도 의외로 재미있었다. 전단지를 배포할 지역만 정해주기 때문에, 나머지는 꾀 안 부리고 꼼꼼하게 배포하면 되는 일이다. 아무래도 농땡이를 부리는 사람이 많은지 감시하는 사람이 가끔씩 몰래 시찰을 하기도 했다.

잘 모르는 지역을 다니면서 한 집 한 집을 돌기 때문에, 꼭 게임이라도 하는 기분으로 일종의 성취욕이 발동한 나는 한 집도 빠짐없이 꼼꼼하게 배포하려고 애썼다. 지금도 사사즈카(笹塚) 지역이라면 눈을 감고도 훤히 알 정도이다.

골목 안쪽 집과 아파트까지 찾아다니면서 '이런 길도 있었나?' '아, 여기로 이어지는군!' '이 집은 대체 어떤 구조로 만들어진 거지?' 등등을 생각하면서 무심히 전단지를 꽂았다.

전단지 배포 아르바이트를 할 때도 칭찬을 곧잘 듣곤 했다. 당사자로서는 딱히 어떤 노력을 한 것도 아닌데 이렇게까지 평가받을 수 있다는 사실을 알았다. 다만 전단지 완전 소진이 목적이었던 만큼, 전단지 돌리는 일이 지루해지면 빈집을 발견해서는 남은 전단지를 버리고 가버리기도 했다.

세상은 고교생 수준

"일은 게임 감각으로 하라!"라는 충고는 다른 사람들이 자주 하는 말이고, 많은 책에 서술되어 있으므로 따로 강조할 것도 없지만, 나도 그것을 행동으로 옮겼다.

그래서 또 하나의 경험인 '피자 배달원 아르바이트'에 대해서도 이야기해보려고 한다.

피자 배달은 내가 살던 아카바네에서 했던 일인데, 게임 감각으로 최단 시간 배달에 도전했다. 보통은 1시간에 세 집 정도를 도는 데 비해, 나는 평균 여섯 집을 돌 수 있었다. 신호를 받지 않아도 되는 길이나 지름길을 알고 있었기 때문이다. 물론 남들보다 두 배의 배달을 한다고 해서 월급이 두 배가 되는 것은 아니었다. 그래서 남은 시간 중 30분 정도는 친구 집에 들러 게임을 한 뒤 가게로 돌아가곤 했다. 최소한의 노력으로 최단 시간에 결과를 내도록 그때부터 철저하게 관리했다.

피자 가게의 아르바이트가 재미있었던 점은, 유니폼을 입고 있으면 어디에 들어가든 눈총을 받거나 혼나는 일이 없었다는 것이다. 입국관리국에 피자를 배달했을 때, 배달을 완료한 후 잠시 건물 안을 탐색하고 다녔다. 제복을 입고 있으니까, 그곳을 어슬렁거려도 주변 사람들은 '저 사람, 길을 잃었나 보군!' 정도로밖에 생각하지 않는다.

어디든 들어갈 수 있는 '장비 아이템'을 획득한 듯한 착각이 들었다. 자동 잠금장치가 설치된 맨션에 들어가기도 하고, 소형 맨션의 가장 꼭대기층에 사는 건물주의 집을 구경하러 가는 등, 평소 같으면 들어갈 수 없는 곳에 갈 수 있다는 사실을 마음껏 즐겼다.

할 일은 최소한으로 하면서 내가 즐길 수 있는 포인트를 어떻게 찾아낼 수 있을까? 이것이 일하는 데 있어 가장 중요한 핵심이었다.

'세상 참 쉽다'라는 이야기를 했는데, 인간이란 본디 한 꺼풀 벗겨놓고 보면 그렇고 그런 존재이고 별것 없다는 사실을 알아둘 필요가 있다.

피자 가게에서 일할 때는 가게의 주스를 멋대로 꺼내 마셨고, 내 친구는 배달용 오토바이의 휘발유를 훔치기도 했다. 어떻게 하면 시급 이상의 이득을 챙길까만 생각했다.

다만, 서비스를 제공하는 쪽은 어차피 그런 것이라는 사실을 알게 되었다. 친구가 패밀리 레스토랑에서 아르바이트를 했는데, 그에게 "밥을 담았던 그릇은 씻지 않는다"라는 말을 들은 적이 있다. 밥알이 그릇 바닥에 들러붙어서 좀처럼 씻기지 않으니까, 밥을 위에서 얹듯이 담으면 절대 알 수 없다는 사실을 깨달았다고 했다. 어쩌다 바닥에 떨어트린 채소도 슬쩍 물에 씻어 샐러드에 넣어 내면 아무도 모른다는 것이었다. 기본적으로 서비스업은 믿을 수가 없다.

아르바이트를 해보지도 않고 기업에 취직한다면, 사회의 이런 부분은 영영 못 보게 될지 모른다.

어쨌든 세상의 대다수 직업은 고교생 수준으로도 할 수 있는 일이 많다. 화이트칼라의 업무도 고교생 학력으로 얼마든지 할 수 있는 일들일 것이 분명하다. 한 번쯤 자신의 업무에 대해 생각해보길 바란다.

"이 일, 고교생도 할 수 있는 거 아닌가?"

같은 일이라도 고졸이냐 대졸이냐에 따라 급여가 달라진다. 대졸이라고 목에 잔뜩 힘을 주고 하는 일 중에도, 매뉴얼만 주면 고교생이 얼마든지 할 수 있는 일이 많다. 책상에 앉아 간단한 사무만 보는 일이라면 고교생도 거뜬히 해낼 수 있다. 그렇다면 앞으로 불경기가 계속됐을 때, 가장 먼저 구조조정 대상이 될 수 있다는 걸 알아야 한다.

그럼 두 가지 전략이 보이게 된다.

'레벨이 더 높은 일을 해야 한다'라며 조급해해야 할까?

아니면, 지금의 포지션을 지키는 데 전력을 다해야 할까?

고교생들만 모아놓고도 잘 돌아가는 직장은 진짜 엉망진창들뿐이었다.

그저 세상의 밑바닥 수준을 볼 수 있어서 좋긴 했다.

대졸 회사원으로서 그들을 관리하는 위치에서 그들과 접점을 가지는 걸로는 의미가 없다. 그들은 상사 앞에서는 열심히 일하는 척하기 때문이다. 어떻게 일을 땡땡이치는지, 얼마나 짓궂은 짓을 하는지는 같은 처지가 아니고서는 알 수 없다.

'이놈들 참 못됐다!'라는 상황을 사실적으로 맛볼 수 있는 것은 아마도 학창 시절 때뿐이다. 이러한 경험은 사회인이 되고 나면 좀처럼 하기 힘들다.

지금 내 나이에 편의점 아르바이트를 한다고 해도, 고교생이 나를 동료라고 생각해줄 리 없다.

몰라도 될 일일지 모르지만, 내 경우는 몰랐던 것을 하나하나 알아가는 데 희열을 느끼는 호기심쟁이라서 엉망진창인 곳에서 일했던 것을 다행이라고 진심으로 생각한다. 그곳이 평생 직장이 되었다면 지옥이었겠지만 말이다.

용량이 초과하는 순간

여기까지의 에피소드는 주로 학창 시절의 경험을 토대로 '우선순위'를 정하는 방법에 대한 것이었다.

그렇지만 모든 것을 한 번쯤 경험해두지 않으면, '이것은 필요 없다'라는 판단을 쉽게 할 수 없다. 상상력만 동원하는 것은 의외로 어려운 일이다.

'힘든 경험은 필요하다, 필요하지 않다'를 두고 간혹 논쟁이 벌어지곤 한다. 지금까지 말한 것처럼 아르바이트 경험은 지금에 와서 보면 헛되지 않았다. '회복이 가능한가?'라는 판단축에 비춰본다면, 학창 시절의 아르바이트는 학창 시절에만 할 수 있는, 두 번 다시 돌이킬 수 없는 일이다. 이런 점에서 보면 헛되지 않았다고 할 수 있다.

게다가 육체노동이나 정신노동을 한 번씩 경험해두는 것은, 자신의 '스트레스 포인트'를 알기 위한 좋은 기회이다. 스트레스를 줄이는 것은 행복한 인생을 살기 위해 없어서는 안 될 발상이다.

가령 무심하게 몸을 움직이는 것은 의외로 힘들지 않다. 편의점에서 손님이 없어 한가한 시간을 멍하니 보내야 할 때가 나에게는 스트레스가 더 쌓이는 시간이었다. 물론 나와는 반대유형의 사람도 있을 것이다.

가만히 있는 것이 스트레스냐 아니냐는, 유소년 시절을 돌이켜보면 알 수 있다. 책상에 가만히 앉아 있을 수 있는 유형이었는가, 앉기 무섭게 벌떡 일어서서 돌아다니거나 친구들에게 말을 걸거나 하는 유형이었는가.

이것은 딱히 어느 쪽이 우수한가 하는 이야기가 아니다. 개인의 유형과 업무 유형이 완전히 일치하는 것이 중요하다. 이것이 일치하지 않는데 힘든 일을 지속한다면, 인생은 차츰차츰 불행해지고 말 것이다.

"나에게는 뭐가 스트레스일까?"

자신의 스트레스를 알아두면 그것을 피할 수 있다. 물리적으로 피하는 것도 가능하지만, 심리적으로 피하는 쪽이 훨씬 이득이다.

예를 들어, 직장에서 싫은 소리를 들었다고 치자.

그럴 경우, 대꾸를 하는 것이 스트레스인가, 대꾸하지 않는 것이 스트레스인가? 그것은 사람에 따라 다를 것이다. 싫은 소리를 들으면 누구나 기분이 나쁘지만, 거기에 대꾸하는 것이 스트레스라고 느낀다면 실실 웃어넘기며 '맞대응을 해서 싸우는 것이 나에게는 더 스트레스야!'라고 생각하면 된다.

그것이 바로 심리적으로 피하는 것이다. 그 판단축은 스스로 정하는 수밖에 없다.

이번 에피소드의 중요한 이야기는 끝났다. 이제부터는 여담이다.

스트레스와 연관된 이야기이다. 내가 흥미롭다고 느끼는 것은 남녀별 수명의 차이이다. 일본인은 남성과 여성의 평균수명이 6살 정도 차이가 난다. 세계적으로 보면 여성의 수명이 더 긴 것은 공통적인 현상인데, 다른 나라는 대개 3살 정도밖에 차이가 안 난다. 일본은 유난히 남녀의 차이가 심하다.

무엇이 원인인가에 대해서 많은 가설들이 세워졌다. 자주 듣는 것은, 부인이 먼저 사망하면 남겨진 남편은 3년 이내에 사망하고 만다는 이야기이다. 부인이 사라짐으로써 집안일 등 배워야 할 것들이 태산인데, 그것이 스트레스가 된다는 것이다. 남성은 여성에 비해 이른 시기에 호기심을 잃게 되므로, 새로운 일을 시작할 기력이 결핍되어 있다.

가설이긴 하지만 일리는 있다. 나와 같은 세대의 사람을 보더라도, 40대이면서 목적을 가지고 사는 사람은 여전히 젊어 보인다. 반대로 목적 없이 판에 박은 듯한 일만 하면서 '아저씨화'된 사람도 많다. 20대 정도의 젊은이와 같은 직장에 다니는 사람이 비교적 젊어 보이고, 대학에 남아 연구를 하는 사람도 외관상 젊다. 고향으로 돌아가 그 지방의 은행 등에서 일하고 있는 사람도, 잔업이 거의 없이 7시 무렵이 되면 집에 돌아가 저녁을 먹는다고 한다. 물론 외관 역시 젊은 편이다. 역시 늙고 젊음은 스트레스의 정도에 따라 달라질 수 있다.

그리고 무엇이 스트레스인가는 사람에 따라 다를 것이다. 새로운 것을 포기한 순간 외관이 단번에 '아저씨화'된다면, 호기심은 앞으로 쭉 유지하는 것이 좋다. 새로운 지식이나 사고를 접하는 습관은 절대적으로 유지하는 것이 좋다. 에피소드 1에서 나온 이야기의 반복이지만, '이상한 사람의 이상한 사고'라고 치부해버리는 일이 있어서는 안 된다.

인간에게는 용량이 초과하는 순간이 있다.

예컨대 추위로 동사할 지경에 직면했을 때, 내내 추위와 싸우면서 "죽겠어, 죽을 것 같아"를 되뇌다가 어느 순간 "아, 더는 무리다"라고 포기했을 때 죽는다고 한다.

포기하는 스위치를, 사람은 어디선가 누르고 만다.

극한 상태에 놓이더라도, 간신히 살아남은 사람과 일찌감치 사망해버리는 사람이 있는 것은 그 차이 때문일 것이다.

멕시코 동굴에서 한 달 동안, 거의 아무것도 못 먹고도 살아남은 사람이 있다. 물은 있었지만 먹을 것이 없었으므로, 몸이 지방을 완전히 분해해서 에너지로 다 써버린 후에는 근육을 분해하기 시작했다. 그 순간이 되면 극심한 통증이 엄습하는 모양이다. 그 통증을 줄곧 견뎌내면서 결국 한 달 후에 생환했다고 하니, 아마도 그때까지 포기의 스위치를 누를 순간이 몇 번이고 찾아왔을 것이다. 나처럼 게으른 사람이라면 일주일 정도면 죽었을 것이다.

그 스위치를 누르느냐 마느냐가 선천적인 것인지, 아니면 스포츠 같은 것으로 연마할 수 있는 것인지는 모른다. 다만, 부인이 사망하고 없는 남편이 일찍 사망한다는 사실을 떠올리면 '사고의 습관'은 중요하다고 본다.

황당한 이야기를 했는데, 이상이 우선순위에 대한 이야기이고 스트레스를 피하는 것이 좋은 이유이다.

학창 시절 함께 창업했던 친구들은 모두 평범하게 취직을 했다. 사장인 나 혼자만 회사에 남았다. 주변 상황에 나를 맞추는 일 따위는 하지 않았다.

나에게 중요한 것은 내가 정했다.

Episode

03

없어지면 곤란한 것

'니즈와 가치'에 관한 이야기

1999년, '아메조(あめぞう)'라는 커뮤니티 사이트에서 힌트를 얻어 '2채널(2ちゃんねる)'을 개설했다. 익명으로 글을 남길 수 있는 커뮤니티에는 수많은 유저들이 모였고, 최고 성황기에는 1천만 명 이상의 유저 수를 기록했다.

하지만 당시 법률에는 인터넷 관리인에게 불리한 조건들이 넘칠 만큼 마련되어 있었다. 그 때문에 계속하는 사람들이 없었다. 어쩌다 보니 나 혼자 계속하고 있었다.

세간에서는 '익명'에 대한 시비와 모럴에 대한 논쟁이 한창 벌어지고 있었다. 나는 모럴적으로 좋고 나쁨보다 본질적인 '니즈(needs)'가 무엇인가에 대해 생각했다.

이와 관련한 이야기를 해보려고 한다.

가능한 한 하고 싶지 않은 일

"좋아하는 것을 직업으로 삼자"라는 말이 시대의 캐치프레이즈처럼 되었다. 하지만 사용에 주의를 요하는 말이다. 직업으로 삼느냐 마느냐는 차치하고, 좋아하는 것이 무엇인가를 일단 분명히 하는 것은 좋은 일이다.

나의 경우를 예로 들면, 게임과 영화는 틀림없는 취미이므로 무의미하다는 것을 알면서도 '좋아하는 것'이라고 표명해오고 있다. 그리고 인생의 시간 대부분을 거기에 할애하고 있다. 좋아하는 것을 "나는 이것을 좋아한다!"라고 말할 뿐이지, 그 밖에 특별한 이유를 붙일 필요는 없다.

"좋은 것은 좋다. 그냥 좋으니까."

이것 말고 뭘 더 말할 필요가 있을까?

다만 남들이 "왜 좋아하는데?"라고 물어올 때가 있다. 이런 질문에 대답하기란 참 귀찮은 일인 만큼, '이렇게 물어오면 이렇게 답해야지!' 하는 식의 적당한 이유를 만들어두는 것도 한 방법이다.

어려운 일은 아니다. 한 단계만 파고들면 상대방은 납득한다.

"영화는 두 시간 동안 별세계에 다녀올 수 있으니까 좋아합니다."

"게임을 단시간에 클리어하면 도파민이 분비되거든요!"

이렇게만 말하면 게임 끝.

"뭘 좋아하는지 모르겠다"느니 "좋아하는 게 부끄럽다"느니 말하는 사람은 인생의 대부분을 손해 보고 있는 셈이다. 인생은 유한하다. 많은 시간을 좋아하는 일에 투자하는 것이 좋다. 누가 하라고 하지 않아도 스스로 하고 있는 일. 그것을 좋아한다고 당당히 말하면 되는 것이다.

앞의 에피소드에서도 말했듯이, 10대와 20대에 걸쳐 나는 인터넷에 푹 빠져 살았다. 프로그램을 만지작거리기도 했으므로, 어느 순간 '내가 직접 만들어보는 거야!'라는 생각을 하게 되었다.

옷을 좋아해서 맨날 옷 생각만 하는 사람이 재봉 기술까지 터득하게 되면 직접 옷을 만들 수 있다. 이 경우와 똑같은 느낌이다.

'2채널'을 만들었을 때, 엔지니어에게 부탁할 돈도 없었다. 일단은 엔지니어 흉내를 내며 직접 '펄(Perl)'이라는 프로그래밍언어를 배우는 것부터 시작했다. 프로그램이라곤 하지만 누군가가 만든 것이므로, 그 사람이 하는 방식을 따라 하면 누구라도할 수 있을 거라고 낙관적으로 생각했다. 다 만들고 나서 렌탈서버에서 실제로 작동시켜 보았다.

"작동한다! 됐어!"

이렇게 시작하게 되었다.

그때의 나에게는 '2채널'이 나의 사이트라는 의식이 빈약했다. 나는 커뮤니티라는 오픈 공간을 제공한 것에 지나지 않았다. 만일 공원에서 묻지마 범행이 발생했을 때, 공원을 조성한사람이나 관리하는 사람이 체포될까? 살인 예고의 엽서가 날아왔다고 해서, 엽서를 만든 사람이나 우체부가 체포될까? 나쁜 건 사건을 일으키고 범행 예고를 보낸 범인이다. 인터넷 관리인도 그것과 다를 바 없다고 생각했다. 그랬기에 나는 어떤사건이 발생하면 그때마다 규칙을 만들 것을 제안했다. 유저들이 논의하고 의견을 모아서 집단지성을 이끌어내면 된다고 믿었다.

하지만 당시의 재판에서는 이해받지 못했다. 사이트를 소유하고 있는 이상, 내가 모든 것을 정하도록 요구받았다.

원래의 이야기로 돌아가자.

이 에피소드에서 하고 싶은 이야기는 '니즈와 가치'에 대해서이다. 좋아하는 것을 직업으로 삼을 것이 아니라, 할 줄 아는 것을 직업으로 삼으라고 나는 말하고 싶다.

아이디어를 아이디어로 끝나지 않게 하려면, 현실적으로 가능한 '타협점'을 고려하는 것이 포인트이다. 가령 1억 명의 사람에게 1엔짜리 동전 하나씩을 모으는 것은 현실적이지 않다고 앞서 말했었다.

하지만 40명으로 구성된 한 학급에서 다른 39명의 학생으로부터 한 가지씩의 간식을 걷는 것은 현실적으로 가능할지 모른다. 실제로 나는 그 방법으로 진수성찬의 도시락을 만든 적도 있었다.

'하고 싶다'고 생각되는 일을 찾았을 때, '실행 가능한 레벨'까지 낮춰 생각하거나 '그것을 위해 필요한 기술'이 뭔지를 생각하면 된다. 나처럼 프로그램을 만드는 기술이 있으면, 웹서비스로 실현할 수 있을지 모른다. 요리를 잘하는 사람이라면, 순간

떠오른 요리를 충분히 만들 수 있다.

　세상일이란 둘로 구분된다고 한다.
　"하고 싶지만 할 수 없다."
　"할 수 있지만 하고 싶지 않다."
　이 두 가지이다. 그래서 다들 고민하는 것이다.
　'하고 싶다'보다는 '할 수 있다'를 먼저 시작해서, 조금씩 발돋움해갈 정도의 수준까지 성장하면 된다. '하고 싶다'와 '할 수 있다'의 간극을 메워간다는 감각에 가깝다.
　처음부터 '할 수 있다'에 '좋아한다'라는 감정을 접목시키면 다소 복잡해진다. 센스의 영역으로 들어가 취미로 하는 건 좋지만, 안정적인 수입을 얻는 것과는 맞지 않다.

직업을 선택하는 옳은 방법

　세상에 존재하는 모든 것은 필요한 것과 필요 없는 것으로 양분된다. 당신도 직업이나 회사를 선택할 때, 필요한 것을 선택해야 한다고 생각하지 않는가?

"전기, 가스, 수도 등의 인프라는 반드시 있어야 한다."

"은행이나 보험업계는 안전하다."

"식품업계는 망할 일이 없다."

이것들은 모두 '사회'에 필요한 것들이다. 취업 활동을 할 때 누구나 갖는 생각이다.

혹은 자기 자신에게 필요한 것을 선택하는 사람이 있을지도 모른다.

"음악 없이는 못 살아!"

"쭉 게임만 했으니까 게임업계로 가고 싶다."

필요 여부를 생각할 때는, 후자처럼 '자신'을 주축으로 삼는 편이 좋다고 생각한다.

다만 좋아하는 것을 직업으로 삼는 것은, 앞에서도 말했듯이 추천하고 싶지 않다. 업계를 선택하는 기준으로서가 아니라 '체험'을 기준으로 한 단계 더 파고들어보자.

- '음악이 하고 싶다.' → '대중이 일체가 되는 라이브 감각을 만들고 싶다.'

- '게임을 만들고 싶다.' → '아무 생각 없이 몰두할 수 있는 구조를 만들고 싶다.'

이렇게 '체험'의 단계에 도달하면 회사나 업계를 누빌 수 있다.

여기에서 내 이야기를 잠깐 해보겠다.

2006년경부터 도메인의 압류나 게시글과 관련된 재판으로 '2채널'이 뉴스에 보도되는 횟수가 증가했다.

"법적 문제로 망하는 거 아냐?" 하고 시끄러웠지만, 미국의 서버를 사용하고 있으니 미국의 서비스라는 판단 덕분에 일본의 법률은 통용되지 않았다. 그렇게 무법지대처럼 보였지만, 실상은 손바닥 위에서 조종되고 있었다고 할 수도 있었다. 게시글에 관한 경찰 수사에는 협력하고 있었기 때문이다.

게다가 '2채널'이 망한다고 하더라도 '2채널'과 같은 장소는 존속할 수 있다. 수요가 있는 한 서비스는 형태를 바꿔 존속한다. 돌고 돌 뿐이다. 집 근처의 단골집이 망했다고 해도 당신은 틀림없이 다른 가게를 찾아 드나들게 될 것이다. 가까운 편의점이 망한다고 쇼핑을 그만둘 리도 없다. 멀리 다른 슈퍼로 가게 돼 있다.

'2채널'이 성공한 이유는 '익명으로 자유롭게 쓰고 싶다'는 욕망이 있었기 때문이다. 네이밍이나 기능이 우수해서가 아니었다.

"없어지면 곤란한 체험이 뭘까?"

이것이 일을 선택하는 데 있어 반드시 생각해야 할 것이다.

근간에 자리한 체험이 무엇인지, 자신을 멈출 수 없는 순간은 언제인지, 그것을 깨닫는 것이 중요하지 좋아하고 안 하고는 별 상관이 없다.

'2채널'의 시스템 자체는 누구나 만들 수 있다. 같은 스크립트는 누구라도 쓸 수 있고, 비슷한 웹사이트는 얼마든지 있었다. 다만 왜 그것이 재미있는지에 대한 감각은 분명히 알고 있었다. 그래서 오래도록 지속할 수 있었다. 성공 요인은 그것뿐이다.

'2채널'의 근간에 있는 것은, 가령 서비스가 없어지더라도 줄곧 살아남는다. '2채널'과 같은 니즈를 다른 웹사이트가 채운다. 그것이 지금의 트위터나 야후의 댓글 커뮤니티, 유튜브의 댓글 공간으로 이어져오고 있다.

아무리 기술이 진보하더라도 '사용하고 싶다'고 느끼는 사람이 없으면 서비스는 성립하지 않는다. 발명왕이라는 사람이 '자동으로 달걀 깨는 기계' 같은 발명품을 TV에서 소개할 때가 있다. 하지만 이것들은 '없다고 곤란해할 사람'이 없다. 앞서 소개한 '에그 스탠드' 이야기도 마찬가지이다. 내가 에그 스탠드의 필요성에 동의할 수 없었던 것은 그런 까닭이다.

'2채널' 같은 장소는 없으면 곤란한 사람들이 있다. '익명으로 무슨 말이든 내뱉을 수 있는 장소'는 앞으로 영원히 없어질 일이 없다. '이 체험이 없어지면 큰일이지!'라고 당신이 강하게 느낄 수 있는 것을 안정적인 수입원으로 삼는 것이 좋다. 혹은 인생을 걸어도 좋을지 모른다.

거기에는 제삼자의 의견이 끼어들 여지가 없다. 누가 어떻게 생각하는가는 아무래도 좋다. 다른 누구도 아닌 바로 내가 곤란해지므로 하는 것이다.

"기뻐하는 사람의 웃는 얼굴이 보고 싶다."

"사회에 도움이 되고 싶다."

"시장성이 있다."

이런 것은 모두 부록이다. 혹은 취업 활동 사이트가 만들어 낸 겉치레에 불과하다.

"그것이 없으면 난 곤란해."

핵심은 이것밖에 없다.

모난 돌이 정 맞는다

2000년대에 '2채널'은 점점 거대해졌다. 그렇다고 '2채널' 사업으로 이익이 올라간 것은 아니었다. 오히려 문제가 많아 비즈니스로서는 비교적 적합하지 않았을지 모른다.

월 250만 엔의 서버 대금을 내기 위해 배너 광고와 출판으로 돈을 충당해야 했다. 창업 후 성공한 사람들을 보면, 화려한 능력이 아니라 검소한 변통 능력이나 총무 같은 사무처리 능력을 가지고 있다. 문제가 발생하면 차분하게 대처한다.

거기에 '좋고 싫다'라는 개인 감정을 개입시킬 필요는 없다.

2008년에는 '2채널'의 유저가 1천만 명 정도 되었다. 유저의 평균연령은 30살 정도. 활자 미디어로 소비되고 있었을 것이다.

'2채널'의 광고가 잘나간 덕분에 연 매출이 1억 엔을 넘었다. 하지만 광고에 의지한 미디어는 향후 힘들어질 거라는 예감이 있었다. 새로운 미디어가 증가하면, 그만큼 파이 싸움이 되어 박리다매가 되지 않을 수 없다.

나는 상장을 하지 않았다. 상장기업은 벌어들인 돈을 그대로 두는 것을 용납하지 않는다. 돈이 남아돌면 설비투자를 하거나 기업 매수를 해서 주가를 더 올리지 않으면 안 된다. 여유를 용납하지 못하고 경쟁의 소용돌이에 휘말리는 것이다.

내 머릿속에는 내가 살던 단지의 풍경이 있다. 일하지 않는 어른들이 하나의 상자에 들어가 모두가 슬렁슬렁 게으름의 극치를 달리던, 그 기억이.

유튜브는 구글에 매수됨으로써, 어떤 의미에서는 '아무것도 하지 않아도 좋은 기업'이 되었다. 망할 걱정도 없고 경쟁에서 이기려고 애쓸 필요도 없다. 나날이 무수히 많은 동영상이 업로드되므로 막대한 서버 비용이 들겠지만, 광고 수입이 얼마나 들어오겠는가? 예컨대 내가 참여했던 '싱글벙글 동영상'의 경우, 월 1천만 엔의 비용이 드는데 광고 영업은 하지 않았기 때문에 줄곧 적자 상태였다.

유튜브가 이렇게까지 규모가 커질 수 있었던 것은, '저작권을 침해한 콘텐츠를 볼 수 있었기 때문'이라는 이유가 있었다. 물론 삭제 의뢰를 제출하면 지워지게 되지만, 삭제되기까지는 시간이 걸리기 때문에 일시적으로는 볼 수 있다. 삭제 의뢰가 없는 것은 줄곧 방치된 채 노출되고 만다.

당신이 처음 보았던 유튜브 영상도, TV나 영화 또는 음악 등의 저작권을 위반한 영상이었을 것이다. 그것들을 마치 자신들의 것인 양 우겨대고 급기야 세계 제일의 영상 사이트로 브랜딩해버리고 말았다. 동영상 사이트가 커지기 위해서는 그레이존(어느 영역에 속하는지 불분명한 부분-옮긴이)을 계속해서 공략하지 않으면 안 되는 건지도 모른다.

또 스티브 잡스가 고등학생 때 무료로 전화를 걸 수 있는 장치인 '블루박스'를 발명해 큰돈을 벌었다는 이야기는 유명하다. 전화 회사 시스템을 해킹해서 전화 요금을 무료로 만들어버리는, 그야말로 그레이존을 공략한 비즈니스였다. 아니, 그보다 명백한 위법이었음을 본인도 인정하고 있다.

블루박스라는 장치는 디자인도 우수해서 가지고 있는 것만으로도 어깨가 우쭐해졌다고 한다. 그야말로 애플 제품들에 일관된 사고방식이 표출되어 있었다.

이렇게 인터넷 세계의 패자들을 관찰하다 보면, 한 가지 결론에 도달한다.

"무엇이든 지나치게 커지면 이윽고 '공존'한다."

'모난 돌이 정을 맞는다'라는 속담이 있지만, 유난히 우뚝 솟은 돌은 오히려 정을 맞지 않는다.

회사의 사원도 혼자만 문제를 제기하고 나댄다면 퇴직으로 내몰릴지 모르지만, 한 사람 한 사람이 결속해서 조합으로서 큰 존재로 성장하면 회사 측도 공존할 수밖에 없다. '수(數)'를 앞세우는 것은 비즈니스 전략으로서도 옳은 선택이다.

일본인이 왜 검색 사이트로 '야후'를 사용하는가 하면, 한번 습관으로서 익숙해져버렸기 때문이다. 컴퓨터를 사와서 인터넷을 처음 연결하면 가장 먼저 야후의 메인 페이지가 표시된다. 그러므로 자연스럽게 계속 쓰게 되는 것이다. 결코 기능이 우수해서가 아니다.

소프트뱅크의 손정의 씨는, 미국에서 보급하기 시작한 기존의 전화 회선을 이용한 고속인터넷 접속 서비스 'ADSL' 시스템을 일본에 도입했다. 거리에서 모뎀을 공짜로 배포한 것으로 유명하다. 또 휴대전화 사업에 참여했을 때도 '소프트뱅크는 전파 연결이 잘 안 된다'라는 기능성 문제를 일단 제쳐두고 저렴한 사용료로 시장 확대를 우선시했다.

'2채널'의 이용자가 증가했던 것은 '익명'이라는 부분을 바꾸지 않았기 때문이다. 솔직히 익명이라는 것 때문에 복잡한 문제들이 상당히 많아졌다. 하지만 복잡한 문제는 제쳐두고, 일단 이용자 증가 쪽을 선택했던 것이다.

일본에는 '기능 우선'의 병이 있다.

전자 제품을 보더라도 새로운 기능을 추가하는 방향으로 노력을 집중하고 있지만, 그렇게 해서는 세계와 경쟁해서 싸울수 없다. 먼저 시장을 확대해서 두들겨맞지 않을 정도로 규모를 키워야 한다. 기능성을 향상시키는 것은 다음 문제이다.

한때 모든 가전제품에 전화선을 연결해서 집에 전화를 걸기만 하면, 에어컨을 켜기도 하고 욕실의 물을 데우기도 하는 등의 시스템이 화제가 된 적이 있다. 말만 들어서는 모두가 '참 편리하겠다!'라고 생각했을 것이다. 하지만 막상 뚜껑을 열어봤더니 아무도 계약하지 않았다. 일부 마니아는 사용했을지 모르지만, 대중은 관심 밖이었다.

기술적으로 가능하더라도 그 기능을 사용하도록 하는 상황으로 끌어가지 못하면 존재하지 않는 것이나 마찬가지이다. 예를 들어, 몸 안에 칩을 심어서 몸에 필요한 영양소를 알아내고, 그 영양소만으로 만들어진 식사가 자동으로 집까지 배달되거나, 좋아하는 취미를 알아내서 필요한 엔터테인먼트를 준비해주는 등의 기술이 있다고 하자.

기술적으로는 가능하고 그렇게 되면 하루하루 아무 생각도 하지 않고 지낼 수 있겠지만, 그것을 과연 실행시키고 싶을까? 행동으로 옮기기까지의 장애물이 너무 많다고 생각하지 않을까? 거기에 비즈니스의 힌트가 숨어 있다. 태어난 아기들 몸에 칩을 심도록 법률을 바꾸는 등 철저한 준비를 하지 않으면 확산되지 않는다.

기능성이나 편리성만 추구해서는, 중국과 같은 대규모 국가와의 경쟁에서 결코 이길 수 없다.

혹은 국내 시장만 보고 틈새를 노리는 서비스로 소소하게 유지해가는 방법도 있다.

나는 '미래검색브라질'이라는 검색 서비스 회사도 운영하고 있다. 거기에서는 구글이 대응하지 못하는 틈새시장을 노린다.

가령 가격 비교 사이트를 대상으로 정보를 제공하는 회사의 어느 상품 가격이 개정되었을 때, 구글의 검색 엔진에서는 반영될 때까지 하루가 걸린다. 그걸 실시간으로 검색 결과로 내놓을 수 있도록 했다. 거대한 기업이 너무 작아서 놓칠 수밖에 없는 일들을 찾아서 그것을 공략하는 전략도 있다는 이야기이다.

스러져간 천재들

2002년, 도쿄대에서 조교를 하던 가네코 이사무(金子勇) 씨가 무료 파일 공유 소프트웨어인 '위니(Winny)'를 개발했다. 거기에 사용된 'P2P'라는 기술은 가상화폐의 기초가 된 블록체인 기술을 낳았고 앞으로의 사회를 지탱할 기반이 되었다.

하지만 일부 유저가 위니로 부정 파일을 주고받은 것이 화근이 되어, 개발자인 가네코 씨가 체포되고 말았다. 관리자가 사라진 탓에 갈수록 위니는 무법지대가 되고 말았다.

그후 재판소는 "위법행위를 조장하기 위해 만든 것이 아니다"라는 판결을 내리고 무죄를 확정지었지만, 가네코 씨는 끝내 개발 업무로 돌아가지 못하고 2013년 심근경색으로 운명을 달리하고 말았다.

예컨대, 식칼을 사용한 살상 사건이 발생했다고 하자. 그때 "식칼이 나쁘다", "식칼을 없애라"라고 말하는 사람은 없을 것이다. 하지만 2000년대의 인터넷과 같이 새로운 기술이 탄생하면, 사회의 이해가 그것을 따라가지 못하고 "위니가 나쁘다", "2채널을 없애라"라고 목소리를 높이는 사람들이 나타난다. 식칼만큼이나 생활 속에 침투해 있으면 무너질 리 없지만, 어중간하게 모가 난 돌은 정을 맞고 만다.

그것은 새로운 기술 탄생의 가능성을 아예 없애버리고 마는
일이 될 수 있다.

"식칼은 아무 잘못이 없다."

이것이 문제의 본질을 잘못 이해하지 않기 위한 사고법이다.
'위니'의 가네코 씨나 '라이브도어'의 사장이었을 때의 호리
에(堀江) 씨처럼 윗선의 누군가를 화나게 만드는 패턴은 있다.

하지만 호리에 씨는 기대주였다. 일본에서 선진적이었던 것
은 호리에 씨가 체포되기 전의 라이브도어였다. 라이브도어
RSS의 기술력은 최고였고, 방대한 유저를 보유하고 있던 라이
브도어 블로그를 잘 운영하고 있었으므로 체력도 든든했다.

당시의 라이브도어는 유행하는 서비스를 발견하면 하나부
터 열까지 매수했다. 재미있는 것을 만들어내면 앞다투어 웹서
비스를 만들어, 호리에 씨에게 수억 엔에 판매하는 대박을 노
렸다. 재능을 가진 사람이 그 재능을 발휘한다. 그런 원동력이
호리에 씨를 중심으로 바람을 일으켰다.

그가 체포된 후 라이브도어는 상장을 폐지하고 더 이상 그

런 식의 도전을 하지 않는 회사로 변하고 말았다. 너무 안타까
웠다. 국가권력이 움직이면 어떤 것이든 망가트릴 수 있을지도
모른다. 가네코 씨나 호리에 씨만이 아니라 사토 마사루(佐藤優,
작가, 2002년 배임죄로 체포되었다-옮긴이) 씨나 스즈키 무네오(鈴木宗男, 정치인,
2002년 알선죄로 체포되었다-옮긴이) 씨 등 '왜 체포됐는지 이유가 불확실
한 사람들'이 있다. 누구도 납득할 만한 답이 없다. 사회로부터
나쁜 놈 취급을 받고, 공존할 수 있는 길을 찾지 않았기 때문일
지도 모른다.

한편 나는 국가권력과는 사이가 나쁘지 않았다.

경찰이 "사건의 관리자가 게시글을 썼기 때문에 웹사이트
접속 기록을 제출해주시오"라고 해서 제출했다.

'2채널'에는 계정도 초대제도 없다. 누가 뭘 하든 자유다. 그
이면에는 '사람은 나쁜 짓을 하지 않는다'라는 성선설이 있었
다. 그런데도 "2채널은 참 괘씸하다!"라는 평들이 떠돌더니
"니시무라 히로유키는 체포되는 거 아냐?"라는 소문이 나돌기
도 했다.

하지만 나는 형법에 저촉될 만한 일을 한 적이 없고, 호리에
씨처럼 검찰을 적으로 돌리지도 않았다.

성선설을 전제로

새로운 것이 망하지 않기 위해서는 모두가 성선설을 믿을 필요가 있다고 생각한다.

유명한 게임이론 중에 '수인(囚人)의 딜레마'라는 것이 있다. 용의자 두 명이 체포되어 경찰에게 다음과 같은 질문을 들었다.

"두 사람 다 묵비권을 행사하면 징역 2년이 된다. 한 사람만 자백하면 그 사람은 징역 1년, 묵비권을 행사한 사람은 징역 15년이 된다. 만일 두 사람 모두 자백하면 둘 다 10년이다."

이 말을 각각 따로 들었을 때, 두 수인이 각각 어떻게 대응할까 하는 게임이다.

두 사람이 협력해서 묵비권을 행사할까, 아니면 배신하고 자백할까? 만일 두 사람이 논의해서 결정할 수 있다면, 둘 다 침묵하는 편이 이득이다. 하지만 누구나 다 그렇게 생각하는 것은 아니다. 묵비권을 행사하겠다는 거짓말을 해놓고, 자기만 자백해서 징역 1년만 살겠다는 사람이 반드시 있기 마련이다.

이 게임을 열 번 연속으로 실시할 때, 일종의 필승법이 있다. 그것은 '상대가 배신하면, 다음은 내가 배신한다'라는 전략이다. 세계의 머리 좋은 수학자가 다양한 방법을 시도해보았는데, '당하면 되갚는다'라는 방법이 가장 강했던 것이다.

이것은 비즈니스에서도 통한다. 개인이나 기업 간에 계약을 체결함으로써 서로의 이익을 확보할 때도, 게임이론과 같은 일이 벌어진다.

마라톤을 할 때 "함께 달리는 거야!"라고 서로 다짐했다가도, 도중에 상대방을 따돌리는 일은 비일비재하다. 시험 전에 "공부를 하나도 안 했다"라고 해서 안심하고 있었더니, 실상은 코피 터지게 공부한 친구의 배신도 있다.

그렇다고 해서 상대방이 배신하지 않도록 매번 교섭한다면, 이번에는 시간이 들고 커뮤니케이션 비용이 발생한다. 그러므로 우선은 상대가 아무것도 하지 않는 한, 자기가 먼저 배신하지 않는 것이 가장 좋다.

"당했을 때만 되갚는다."

기본적으로는 성선설로 가자. 그리고 배신당했을 때는 같은 방법으로 되돌려준다.

이것이 옳은 순서이다.

가치가 있는 것처럼 보이기

지금까지 가치가 없었던 것에 이름을 붙여서 가치가 있는 것처럼 보이게 한다. 상아로 만든 인감도, 양모 이불도, 음이온도, 화이트 밴드도 모두 같은 논리이다.

새로운 것이 등장했을 때는, 대중의 의견에 휘둘리지 않는 것이 좋다. 그것은 마술사의 마술을 보고 "우와, 대단하다!" 하고 감탄하는 관객의 의견이 참고가 되지 않는 것과 마찬가지이다.

프로 마술사가 보고 "이 마술, 대체 어떻게 한 거야?"라고 극찬한 마술은 가치가 있다. 가능한 한 전문가의 의견을 참고하자. 모든 일을 자기 혼자 판단하는 것은 어렵다.

'2채널' 다음으로 내가 손을 댄 것 중에서 큰 성과를 낸 것은 '싱글벙글 동영상'이다. 이것도 내가 아이디어를 100% 생각해 낸 것이 아니다.

2005년, 컴퓨터의 성능이 향상되자 용량이 큰 영상 콘텐츠도 다수 소비되게 되었다.

가장 먼저 성장세를 보인 것은 유튜브였다. 하지만 외국 사이트라는 점을 감안하면, 일본에서 인기를 끄는 것과는 조금 다를 거라고 생각했다. '2채널'의 성격을 좋아하는 인터넷 유저에게 먹힐 만한 동영상 사이트로서 '싱글벙글 동영상'이 탄생했다. 당시 도완고(Dwango)의 회장이었던 가와카미 노부오(川上量生)씨와 알게 되어, 뭔가 재미있는 것을 해보자는 이야기가 오갔다. 나는 이사로서 회의에 나가 아이디어를 냈다.

돈벌이를 목적으로 하지 않는다는 것에 강점이 있었다. '이런 게 있으면 재미있지 않을까?'라는 것이 출발점이었다. 그러므로 돈이 목적인 사람에게는 지지 않을 자신이 있었다.

유튜브가 '그레이존을 공략했다'라고 앞서 말했는데, '싱글벙글 동영상'의 경우에는 저작권 콘텐츠를 취급하는 것이 어려웠다. 그렇지만 '싱글벙글 동영상'은 나름대로 독자적인 생태계를 형성했다. 동영상에 대한 댓글을 달기 위해, 그 기능을 이용해 다른 유저와 대화를 시작한 것이었다.

친구들끼리 TV를 보면서 이러니저러니 의견을 나누는 감각이 인터넷상에서 펼쳐졌다. 그것은 '2채널'의 뉴스 속보를 보고 커뮤니티에 자신의 의견을 올리는 상황과 완전히 똑같았다. 다들 자신이 참여할 수 있는 화제를 찾아, 그에 대한 의견을 말하고 싶어 했다.

"누구나 한마디쯤은 하고 싶어 한다."

이것은 장소를 만드는 데 반드시 필요한 요소이다. 지식인만 일방적으로 말하는 것이 아니라, 그 말을 받아 일반인도 자신의 의견을 말하고 싶어 한다. 그것은 근원적인 욕구일지도 모른다.

그 후 '싱글벙글 생방송'이 생겨나고, 일반 시청자가 발언하면 출연자들도 그것을 보고 실시간으로 반응하게 되었다. 그때까지는 매스미디어가 일방적으로 정보를 제공하기만 했었는데, 그때 비로소 미디어에 쌍방향성이 탄생하게 된 것이었다.

원래 '싱글벙글 동영상'은 유튜브 동영상에 자막을 입히는 '편승 모델'로 여겨졌었다. 그런데 유튜브가 접속을 차단하면서 서비스를 계속할 수 없게 되었다. 그런 상황에서도 서비스를 지속하기 위해, 처음에는 함께해보지 않겠느냐고 유튜브 측에 메일을 보내봤지만 답신은 오지 않았다.

그래서 '싱글벙글 동영상'을 운영하고 있던 니완고의 모회사인 도완고에서 지원을 받아 서비스를 계속했다. 다만 접속이 집중되면 서버에 부하가 걸려 동영상이 멈춰버리므로, 회원등록제로 운영되는 폐쇄적인 서비스가 되고 말았다. 어쩔 수 없는 고육지책이었다.

지금이야 구독제로 정액 과금의 시대라, 개개의 동영상에 돈을 지불하는 사람은 감소했다. 그것은 당시부터 예상하고 있었다.

어쨌든 이처럼 '장소'와 관련된 이야기를 다음 에피소드에서 하려고 한다. 인터넷의 은혜를 입었다는 것은, 장소에 대해 생각하지 않을 수 없었다는 이야기이다. 이게 대체 무슨 뜻일까?

나는 인터넷 관련 법률이 아직 정비되지 않았을 때, '2채널'을 창설했다. 전국 각지에서 많은 재판이 열렸고, 불합리한 패소를 당했다. 악의적인 글들이 입력되었을 때, 사실은 그걸 쓴 사람이 나빴음에도 내가 그것을 '악의를 가지고 방치했다'라는 식으로 판단했던 것이다. 지금은 법률도 달라졌지만, 당시에는 사이트를 관리하는 사람이 그런 취급을 받았다.

최초 판결이 내려지기 전, '지면 엄청난 일이 벌어지겠지?'라고 생각했었다. 하지만 아무 일도 일어나지 않았다. 패소 판결이 10건, 20건, 30건…… 100건으로 쌓여가도 내 생활은 전혀 달라지지 않았다. 맨션이나 토지, 자동차 등의 자산을 가지고 있었다면 압류되고 말았을 것이다. 하지만 그런 것에는 애초부터 관심이 없었다.

'미니멀리스트'라는 말이 생겨난 것은 최근 들어서의 일이지만, 지켜야 할 것을 하나둘 놓기 시작하면 사람은 자유로워진다. 그 한 사례가 홈리스이고, 에도시대의 예능인이나 가부키 배우들도 그랬다. 그들은 모두 권력의 지배를 받지 않아도 되는 존재였다.

나는 그쪽 계열의 인간이 되었던 것이다.

Episode
04

어디에 있는가가 중요하다

'포지션'에 관한 이야기

%

나는 시스템을 만드는 사람이다.

인터넷 업계에 있는 사람은, 콘텐츠를 만드는 사람과 시스템을 만드는 사람으로 나뉜다.

우선 '2채널'과 '싱글벙글 동영상' 같은 시스템을 만들어두면, 나머지는 자동으로 콘텐츠가 모여든다.

회사에서의 역할이라는 차원에서 이사 역을 맡게 되는 일이 많지만, 직함으로는 사실상 '관리인'으로 소개될 때가 많다. 그편이 딱 들어맞는다.

가령 맨션의 관리인이라면, 대부분은 본인이 없더라도 맨션은 저절로 운영이 된다. 그러다가 큰 문제가 발생했을 때만 움직인다. 이 같은 상태가 나에게는 최선이라고 생각한다. 일단 편하고, 보는 것만으로도 재미가 있어 대체로 그런 역할을 맡으려고 한다.

대담 이벤트 등에서도 나는 질문자 역할을 맡는 경우가 많다. 재미있는 이야기를 하는 콘텐츠의 역할은 상대에게 맡기고, 그것을 이끌어내는 시스템적인 역할을 내가 맡는 것이다.

이제 '자신이 어디에 있고, 어떤 입장에 있는가'에 대해 이야기해보자.

자유로운 광장과 공

무슨 일이든 우선은 장소가 중요하다.

가령 일본인과 이슬람인들은 사고방식이 근본적으로 다르다. 그 원점이 무엇일까 생각해보면, 각각의 종교관이 형성된 과정에 힌트가 있다.

이슬람 국가는 그 대부분이 사막으로, 녹색이 드문 장소이다. 그런 환경에서는 별생각 없이 게으르게 살다가는 생존할 수가 없다. 그렇다 보니 엄격한 율법이 있는 이슬람교가 탄생했다. 조상들의 가르침을 하나하나 남기지 않으면 자신들이 살아 남을 수 없었던 것이다.

반면 일본은 다르다. 자연이 풍부하고, 여름도 겨울도 기후가 그다지 혹독하지 않다. 그러니 다신교에 800만이나 되는 신이 존재하는 느슨한 종교관이 생겼다. 예로부터의 가르침을 지키 지 않더라도 사방에 먹을 수 있는 식물과 동물이 널려 있었고, 안정적인 기후에서 살 수 있었던 것이다.

이것은 기업을 보더라도 마찬가지이다. 경쟁이 극심한 업계 는 업무 규칙이 엄격하고, 경쟁이 느슨한 기업이면 규칙도 느슨 해진다.

한 사람의 인간이 엄격한 성격인지 너그러운 성격인지를 판 단하기보다, 엄격한 환경에 있는지 느슨한 환경에 있는지를 물 어보는 편이 빠르다.

이런 의미에서라도, 나는 항상 '장소', 특히 '어디에 있는가'를 보려고 한다.

그리고 장소를 제공하는 입장의 사람이 되고 싶다.

지금까지 특권적으로 선택받은 자만이 얻을 수 있었던 것을 일반에게도 널리 나눌 수 있게 되는 것을 '민주화'라고 한다. 인 터넷을 통해 다양한 것이 민주화되었는데, 그 대표적인 것이

'영상 콘텐츠'일 것이다.

방송국이 독점적으로 소유하고 있던 '영상을 만들어 사람들에게 방송하는' 특권이, 누구라도 간단하게 스마트폰으로 동영상을 찍고 편집하여 동영상 사이트에 업로드할 수 있게 되며 사라졌다. '유튜브에서 재미있는 CM을 만든 사람에게 20만 엔을 선물한다'라는 콘텐츠가 실행되기도 하니, 자연스럽게 일반 유저들은 앞다투어 영상 기술을 연마하게 된다.

"장소가 있으면 사람은 움직이기 시작한다."

이런 심리가 있다는 사실을 기억해두면 좋겠다.

운동장과 공만 있으면, 내키는 지점에 골대를 정하고 축구 비슷한 놀이를 시작하는 것과 유사하다.

동영상 세계에서는 아마추어들이 도구를 획득했다. 마음껏 절차탁마하여 방송국의 프로들과 기술의 차이를 좁혀가다가, 이윽고 현재의 유명한 유튜버들이 탄생하게 되었다.

'저작권을 침해해서는 안 된다'라는 룰이 있으면, '그렇다면 원작을 알 수 있는 패러디 음악을 만들면 되지!'라거나 '유명인 흉내를 내는 거야!'라는 등, 재미있는 아이디어를 생각해내고 실행에 옮기는 이들이 하나둘 생겨나기 시작했다.

자유로운 광장에 '공놀이 금지'라고 써서 붙이면, 지면에 선을 긋고 그 안에서 씨름을 한다거나 공이 아닌 프리스비를 가져와 놀거나 하는 등의 아이디어들이 번득이게 된다.

그 원점은 '장소'에 있다. 이것이 나의 비즈니스가 되었다.

앞에서도 말했지만, 가치가 없는 것을 있는 것처럼 느끼게 하면 돈을 벌 수 있다. 다만 상대가 알아차리지 못하게 하는 것이 포인트이다.

슈퍼마켓을 예로 들어보자. 슈퍼마켓은 상품을 들여와 진열장에 놓아두고, 고객이 그것을 구매함으로써 차익금을 번다. 상품은 슈퍼마켓 측이 먼저 들여오지 않으면 안 된다.

그런데 웹사이트의 경우는 다르다. 웹사이트는 슈퍼마켓과 달리 상품을 들여오지 않는다. 다만 유저가 맘대로 콘텐츠라는 상품을 놓아두면 다른 유저가 그것을 소비한다. 무료로 올려둔 것이 무료로 팔리고 있는 셈인데, 사람들이 모여 있으므로 광고 비즈니스가 성립하여 웹사이트 관리자는 '거의 아무것도 안 해도' 돈을 벌 수 있게 된다. '2채널'도 '싱글벙글 동영상'도 관리하는 측은 솔직히 대단할 것이 없다. 그저 집결된 콘텐츠가 우수했던 것이다.

그렇다면 당신이 즐겨보는 웹사이트는 무엇인가? 종류야 어찌 됐든 그 본질은 다르지 않다. 그 웹사이트 자체에 가치가 있는 것이 아니라 무료로 올라와 있는 콘텐츠에 가치가 있다. 그런데 사람들은 사이트가 대단하다고 잘못 생각한다.

유저들의 게시글에 가치가 있는가 없는가에 대해서는 많은 논의가 있어 왔다.

"2채널의 게시글보다 신문기자가 쓴 기사가 더 가치가 있다."

이런 비교도 곧잘 있었다.

하지만 공개된 커뮤니티에서는 신문기자가 '2채널'에 그런 글을 직접 남기기도 한다. 유저 측에서 거짓을 꿰뚫는 힘이 필요하긴 하지만, 그와 같은 움직임은 어차피 피할 수 없다.

나의 포지션 찾기

나는 대부분의 일을 '해치우기식'으로 한다. 해치우기식이 아닌 일을 마지막으로 한 것이 언제였는지 까마득하다.

내가 생각해낸 시스템을 만들어야 할 때, 조사하면서 코드를 써넣을 때는 집중한다. 하지 않으면 안 되는 순간에는, 일할 때 내 안에서 기쁨이 충만하다. 지금은 코드를 제작하기보다는 '기획'이나 '팀 구성'을 하는 것이 메인 업무가 되었다.

내가 손을 움직이지 않고 말만 해도 되고, "나머진 알아서 잘해주세요"라고 주문만 하는 일이 늘었다. 이런 입장이 된 '첫걸음'이 무엇이었을까?

그 경위를 이야기해보겠다.

먼저, 나는 IT 평론가가 아니라는 것이 대전제이다.

IT 평론가는 코드를 제작할 수 없다. 야구 평론가가 프로야구 경기를 뛰지 않는 것과 마찬가지이다. 처음부터 평론가였던 사람과 원래 선수였던 사람은 전혀 다르다.

다만 코드를 제작하는 세계에는 각축을 벌이는 사람들이 많다. 비유하자면 외통장군에 강하다거나 예술적으로 아름답다거나 하는, 요컨대 전문적인 사람들이 말도 안 되는 공중전을 펼치고 있다.

그런 데서 성공하는 것은 도무지 무리였다. 노력으로 어찌어찌해볼 수 있는 것이 아니었다. 그러므로 나는 기획이나 팀 구

성 등 전체를 보고 "이렇게 하는 편이 효율이 좋겠군요"라고 제
안하는 포지션을 추구하게 되었다.

그렇다. 이번 에피소드의 테마는 '**포지션**'이다.

대체로 기획만 하겠다고 생각한 사람 중에는 현장 레벨의 일
을 안 해본 사람이 많다. 순간적으로 떠오른 생각을 툭 내뱉는
사장님 같은 사람이다.

하지만 이에 비하면 나는 현장의 코딩 작업을 하는 사람에
대해 어느 정도는 알고 있으므로, 얼토당토않은 소리를 하지는
않는다.

"서버가 10대 필요하고 엔지니어가 10명 필요하지만, 어느
한쪽을 반으로 줄일 수 있는 타협점은 없는가?"

"비슷한 부분을 유저들이 알아채지 못하게 하면, 서버를
30% 정도 삭감할 수 있지 않을까?"

이처럼 기획 자체를 변화시킴으로써 현장을 편하게 해주거
나 버그가 잘 발생하지 않는 설계를 하도록 제안한다. 현장의
일꾼이 뭐라고 불만을 말하든, 윗사람을 설득해서 기획 자체
를 바꾸기에는 비용이 너무 크다. 자칫 잘못하면 현장 직원이
애물단지가 되어 해고되고 마는 일도 있다.

그러므로 상류에서 하류까지 다 알고 있는 제삼자적 포지션

이 유리하다.

"제삼자적인 지점을 찾을 수 없을까?"

이것을 자신의 업무에 적용해서 생각해보길 바란다.

말단 업무를 하면서 불평만 늘어놓는 사람이라면, 한 번쯤은 경영자의 입장이 되어 자기라면 어떻게 할지 생각해보는 게 좋다. 혹은 점장 정도 되는 사람이라면 현장 업무 중에서 자신이 모르는 부분은 없는지 돌이켜보는 것이다.

이것만으로도 당신은 머리통 하나쯤은 더 훤칠한 사람이 될 수 있다.

특히 엔지니어의 세계에서 비엔지니어인 사람에게 현장의 일을 가르치는 것은 상당히 어렵다. 언뜻 봐서는 서버 대수가 줄지 않으니 손해처럼 보이지만 코드가 간결해져서 유지 비용이 줄기도 하고, 초기 비용은 비싸더라도 나중에 서비스를 보충할 때 편하기도 하다. 일찌감치 부감해서 보고 누가 이익일까를 상대방이 알 수 있도록 설명하는 것은 상당히 힘든 일이다. 대부분의 경우, 포기하는 사람이 많다. 시스템을 잘 알고 더불어 말주변도 좋고 솜씨 좋게 전달할 수 있는 포지션은 구미가 당기기 마련이다.

일단 여기까지의 이야기를 정리해보자.

제삼자적인 포지션을 얻기 위해 필요한 것은 세 가지이다. '현장감'과 '경영 측의 논리'와 '커뮤니케이션 비용'이다.

보통 일반 기업에 들어가면 우선은 현장 업무를 하게 될 것이다. 거기에서 우수한 사람이 출세해서 서서히 경영 측의 논리에 얽매이게 된다. 그때 위와 아래를 잇는 중간관리직과 같은 입장에서 커뮤니케이션 비용을 치르게 된다.

이때쯤 많은 사람이 피폐해지고 만다. "역시 난 관리직엔 안 맞아"라며 회사를 그만두기도 하고, "현장 일은 이제 나도 몰라!"라며 쓸모없는 상사가 되기도 한다.

사회적으로 성공할 수 있느냐 없느냐는 여기에서의 처세에 달려 있는 것이 아닐까 생각한다. 그런 의미에서 지금부터는 '커뮤니케이션 비용의 획득 방법'에 대해 이야기해보자.

해서는 안 될 말을 하다

커뮤니케이션 비용이란, 한마디로 말해 '해서는 안 될 말을 하는 기술'이라고 나는 생각한다. 예컨대, 지인이 "내 사업이 잘될까요?"라는 질문을 했다고 치자. 그냥 봐도 '잘 안 될 텐데……'라고 생각했을 경우, 당신이라면 이 생각을 그대로 말할 수 있을까?

물론 전달 방법은 그 사람의 캐릭터에 달렸다. 얼버무리듯 부정하거나 솔직히 내뱉거나, 각자의 전달 기술은 있을 것이다.

참고로, 나라면 "실패할 겁니다!"라고 솔직히 말해주는 편이다. 왜냐하면 그것이 진정한 친절이라고 믿기 때문이다. 잘 안 될 게 분명해 보이는데 "괜찮아요! 반드시 잘될 겁니다!"라고 말하는 것이 더 잔혹하다고 생각한다.

다들 진심을 말하지 않는 세상. '말해서는 안 된다'라는 분위기가 지배적인 세상. 그런 세상에서 진심을 예리하게 말할 수 있는 사람이 있다면 어떨까?

단번에 포지션을 얻을 수 있다.

물론 맘 내키는 대로 말하는 것이 아니라, 근거를 제시하기도 하고 개선책을 함께 고민하기도 한다. 다만 무책임하게 "잘될 겁니다!"라고 말하지 않을 뿐이다.

내가 타인에게 진심을 말할 수 있는 것은, '최종적으로는 사과하면 관계를 회복할 수 있다'라고 믿기 때문이다. 이는 앞의

'회복이 가능한가, 아닌가'에 대한 이야기에서도 말했던 내용이다. 나중에 잘되었을 때, "그때는 미안했습니다"라고 사과하면 회복은 가능하다. 그러고도 불만이나 미움을 털어내지 못하는 사람이라면, 가깝게 지내지 않는 편이 낫다.

다시 말해 나중에 잘못되었다면 그때는 정중히 사과한다. 이 정도 리스크만 감수한다면, 언제라도 생각한 진심을 말할 수 있게 된다.

"진심을 말한다. 그리고 정중히 사과한다."

어떤가? 이보다 단순한 기술은 아마 없을 것이다.

내가 이벤트나 TV 프로그램에 종종 출연을 의뢰받는 것도, '진심을 말할 수 있다'라는 강점이 있기 때문이다. 그뿐이다. 그만큼 진심을 말할 수 있는 사람, 해서는 안 될 말을 할 수 있는 사람은 포지션 측면에서 귀한 대접을 받는다.

그 반대 패턴으로 이런 일이 있었다.

어느 신문사의 취재에 응했을 때였다. 취재를 받는 내내 내심 위화감이 들었다. '나는 대단한 사람!'이라는 분위기가 기자의 말끝마다 묻어나오는 것이었다. '대형 미디어인 신문사가 인정하는 나'라는 그의 기분이 말과 태도에 드러나 있었다. 이런 사람은 제삼자적 포지션을 얻을 수 없다. 한 발짝 물러선 외부에서 자기 자신을 바라보는 관점이 없어져, 회사의 직함을 떼고 난 시점에는 일도 함께 사라지고 마는 부류이다.

반면 회사의 입장을 제쳐두고 이야기를 할 수 있는 사람은, 커뮤니케이션 비용을 지불할 수 있는 사람이다. 앞으로의 시대에 맞는 사람은 후자이다. 물론 자기에게 능력이 없다는 사실을 자각하고 있다면, 대기업이라는 우산 아래에서 살아가는 편이 현명하다. 그런 삶을 부정하는 것은 아니다. 다만, 그런 경우에는 실업이나 구조조정의 위험에 대비할 필요가 있다는 점에 주의해야 한다.

역추세 vs 스테레오타입

"미국인은 자기주장을 하고, 일본인은 분위기를 읽는다."

이런 이야기를 곧잘 들었을 것이다. 사실 유학이나 해외여행을 할 때면 정말 그렇다는 생각이 들 때가 많다.

왜 그렇게 될까?

사람과 사람 사이의 거리에 이유가 있을지 모른다. 일본에서는 전철이나 버스 등 대중교통을 이용한 이동이 많고, 음식점의 공간도 좁고 집합주택도 많다. 물리적으로 사람과 사람 사이의 거리가 좁혀지면 저절로 상대방을 생각하게 된다.

이때도 사고방식을 바꾸기보다는 환경 등의 장소를 바꾸는 편이 좋다. 오히려 타인과 접촉하지 않는 생활을 하는 것이 효과적일지 모른다. 자전거로 이동하거나 걷거나 하는 시간을 늘린다. 혹은 가족과 직장에서 떨어져 혼자만의 시간을 늘린다. 이렇게 의도적으로 거리를 두지 않으면 자신의 의견을 만들 수 없다.

어쨌든 일의 기본은 타협이다.

사람과 만나 이야기를 한다. 그것이 일의 기본이다. 이때 중요한 것은 '일단 의견을 낸다'라는 것이다. 아주 간단하다. 다들 분위기를 읽는 데 도가 텄으므로 의견을 말하는 것이 서툴다. 이 점을 역이용해서 나는 적극적으로 내 의견을 말하고 있다. 틀려도 상관없다. 양적으로 많은 발언을 하려고 노력한다.

의견을 말하는 것의 장점은 '실제 작업이 나에게 던져지는 일은 없다'라는 점이다. 아무 발언도 하지 않는 사람은, 심리적으로 "그럼 제가 하겠습니다"라며 손을 들게 된다. 이만큼 좋은 일이 또 있을까.

"언제든 발신자는 강하다."

이 말을 기억해두길 바란다.

남의 의견만 듣고 누구나 할 수 있는 일을 도맡아 해서는 안된다. 그때 두드러지는 사람은 99%의 노력으로 해결하는 유형의 사람이다. 이런 유형은 20대의 젊은이라면 전략적으로 옳다. 현장 업무가 많고 인풋 단계에 있다면, 가능한 한 일을 늘리는 편이 좋다.

다만 '언젠가는 위로 올라가고야 말겠어!'라는 포부를 갖도록 하자. 그러지 않으면 노력으로 해결하는 부류는 나이가 들수록 힘들어질 뿐이다. 온갖 일들을 빠짐없이 무난하게 해치우는 사람은, 많은 업무를 의뢰받아 업무량이 증가한다. 그리고 언젠가 대신할 누군가가 등장할 것이다.

발신자가 될 수 있느냐 없느냐의 포인트가 한 가지 있다. '역추세 사고를 할 수 있느냐 없느냐'이다. 보통은 상식적인 스테레오타입의 사고만 한다.

가령 취업 활동의 경우를 생각해보자. 자격증을 따서 어필하려 한다면 '회계나 영어 점수 정도는 따놓아야지!'라고 생각하게 되고, 출판사 면접을 볼 때는 "종이의 촉감이 정말 훌륭하네요"라고 대답하고 만다. 이런 것이 스테레오타입의 사고방식이다.

역추세로 생각하는 사람은 다르다.

"남자이지만 비서 자격증 1급을 가지고 있습니다."

"종이의 시대는 끝났다고 생각합니다."

이런 발언이 가능한 사람이 역추세 사고를 하는 사람이다.

세상 사람들은 정말 다들 같은 말만 한다. 이 와중에 조금 다른 시점으로 사물을 보고 말한다면 단번에 두각을 나타낼 수 있다. 물론 항상 엇나갈 필요는 없지만, 한 번쯤 머릿속에서라도 역추세로 생각하는 습관을 가지는 것이 좋다.

가능하다면 "반대로 이러이러한 것은 어떨까요?"라고 먼저 양해를 구하고 의견을 말해본다. 그 축적을 통해 자신만의 포지션을 확립해갈 수 있다.

훌륭한 사람과 현장 업무

포지션 이야기를 더 이어가보자.

내가 시스템의 엔지니어와 경영자 측 사이에 개입하는 것은, 결국 경영자 측이 시스템에 대해 잘 모르기 때문이다. 시스템의 구조를 아는 우수한 경영자라면, 딱히 내가 없어도 대화가 성립한다. 하지만 좀처럼 그렇게 되질 않는다. 현장에서부터 치고 올라온 경영자라 해도, 시대감각이 뒤떨어지거나 하면 말단 직원과의 대화가 전혀 안 되는 경우도 많다. 그러므로 번역을 해줄 역할이 필요하다.

그렇다고 단순히 번역만 해서는 안 된다. 그럼 문제가 해결되었을 때 버려질 수 있으므로, 전체를 최적화하는 시점을 가지고 있어야 한다.

나와 완전히 똑같은 포지션을 갖는 것은 솔직히 말해 어려울 것이다. 어느 성공한 경영자의 책을 읽었다고 해서 같은 비즈니스로 성공하지는 못한다. 그러나 자세는 배울 수 있다.

가능한 한 직업에 얽매이지 않는 것이 좋다. 직업이 되는 순간, 사람들이 쇄도해 경쟁이 벌어진다. 다양한 역할을 가지고 있어, "무슨 일을 하는 사람입니까?"라는 질문을 받을 정도가 딱 좋다. 그중 하이퍼 뭣이나 크리에이터라고 대답해주면 되는 것이다.

엔지니어 업계의 경우, 제대로 시스템 설계를 하고 코딩까지 해서 IT 업계에서 결정권을 쥐고 있는 사람은 일본에 그다지 많지 않다.

미국에서는 마이크로소프트의 빌 게이츠가 엔지니어로서 도 우수했다. 일본의 경우는 GREE의 다나카 요시카즈(田中良和) 씨가 프로그램을 제작할 수 있다. '겐수'로 알려진 후루카와 겐스케(古川健介) 씨도 제작할 수 있고, '도완고'를 만든 가와카미 노부오 씨도 제작이 가능한 사람이다.

"현장 레벨의 서브 스킬을 익혀두자."

나에게 프로그래밍은 서브 스킬이다. 이것을 메인 스킬로 해버리면, 결국 그저 그런 시스템 기술자가 되어버리고 만다.

내가 메인으로 삼고 있는 것은 문제 해결이다. 전개되고 있는 상황에 맞춰, 어떻게 하면 그 문제를 처리할 수 있는가를 생각하는 일이다. 눈앞에서 분노하고 있는 '어른'을 진정시키거나 프로그램을 설계하는 등 모든 일을 뭉뚱그려 문제를 해결한다.

이른바 '트러블 처리반'인 셈인데, 이렇게 말하면 부정적인 이미지를 떠올릴지 모른다. 다만 내가 문제를 설정할 수도 있으므로 목표를 실현할 능력과 상당히 가깝다.

이렇게 메인 스킬(거시적 경영 시점)과 서브 스킬(미시적 현장 시점)을 모두 갖추고 있는 것이 강점이 된다.

나는 초등학생 때부터 프로그램을 만들었다.

웹에서 사용하는 언어와는 조금 달라서 실제로 '2채널'을 만들 때는 처음부터 다시 해야 했지만, 초등학생 때 '컴퓨터는 어떤 원리로 움직이는가?'라는 개념을 알게 되었으므로 어른이 된 이후의 습득이 빨랐다.

바이올린을 직업으로 삼고자 한다면, 늦어도 9살 무렵에는 시작해야 그나마 어렵지 않다. 그런데 어쩌다 어디선가 바이올린을 켜서 용돈이나 버는 정도의 레벨이라면, 딱히 몇 살에 시작하든 상관없다.

그런 서브 스킬을 한 축으로서 가지고 있도록 하자.

서브 스킬로는 언어를 모르더라도 할 수 있는 것이 좋다. 가령 나는 독일어를 말할 줄 모르지만, 독일계 회사에 들어가 프로그래밍 일을 하게 된다면 어느 정도는 해낼 자신이 있다. 프로그래밍언어를 보면 대강 이렇게 하면 작동한다거나 뭘 하면 좋을지를 알 수 있다.

바이올린으로 먹고사는 사람도 얼마든지 외국에서 활약할 수 있다.

앞에서도 말한 바 있지만, 유학해서 프로그래밍 기술로 먹고 살 수 있다고 생각했던 점이 컸다. 언어의 벽을 초월하는 기술 은 큰 자신감이 된다. 그리고 내 나라가 정말 나에게 잘 맞는지 어떤지는 나라 밖으로 나가보지 않고서는 알 수 없는 법이다.

서브 스킬을 갖게 되면, 그 가능성을 넓힐 수도 있다. 서브 스 킬을 갖추면 메인 스킬로 효과적으로 옮겨갈 수 있다. 현장 레 벨의 일을 할 수 없는 사람이 아무리 '옳은 소리'를 해도 누구 도 따라주지 않는다. 이 역시 포지셔닝이 중요한 까닭이다.

나라를 하나의 마을로 보다

서브 스킬은 언어의 벽을 초월한다고 썼는데, 만일 국내 시장 만 고려한다면 시스템의 기능과 우수함은 중요하지 않다. 그만 그만해도 충분하다. 단적으로 말해, '유행하고 있으면' 된다. 무슨 의미인지 설명해보겠다.

일본에서는 상품을 선택할 때 '이미지'가 중요한 요소인데, 그 때문에 이미지 광고의 효율이 지나치게 좋다. 다른 나라 사람과 이야기할 때는, "무엇이 유행하고 있나요?"라고 묻는 경우가 거의 없다.

미국인에게 "미국에서는 무엇이 유행하고 있습니까?"라고 묻는 것은 참으로 난센스이다. 미국에는 정말 다양한 인종의 사람들이 있다. 멕시코계 사람도 있고, 기독교도도 있고, 이슬람교도도 있으며, 중국인도 많다. 어쨌든 폭이 넓다.

참고로 미국의 음악 장르 중 가장 인기가 있는 것은 '컨트리' 장르인데, 일본인은 컨트리는 거의 듣지 않으므로 일본인에게는 그런 것이 존재하지 않는 것이나 진배없다. 다들 비슷하게 '누구나 들을 수 있는 대중적인 팝송'을 듣는다고 일본인은 생각하는데, 팝송을 듣는 쪽이 마이너리티이다. 이처럼 카테고리와 듣는 사람이 세분화되어 있다.

TV 광고를 통해 "여러분, 보세요!"라고 하는 것은 그야말로 슈퍼볼 정도로, 그 외에는 모두 개별 미디어를 보며 각각의 사회에서 살고 있다. 따라서 미국에는 효율적으로 모두에게 알릴 수단이 없다. 모두에게 알리면, 각자의 생활도 환경도 사고방식도 너무 달라서 누구에게도 인기를 얻지 못하게 된다.

반면 일본은 다르다. 국민적으로 유명한 탤런트를 기용해서 보란 듯이 TV 광고를 내보내고, 미디어를 통해 여러 차례 광고를 흘려보내면 엄청난 수의 사람들에게 가닿는다. 인터넷의 영향으로 자기 세계에 빠져 산다고들 하지만, 여전히 매스미디어의 존재감은 크다. 기존의 방식대로 광고에 돈을 투자하면, 평균적인 일본인에게 먹힌다.

"뉴스라면 역시 구노시(Gunosy)나 스마트뉴스(SmartNews)지!"라고 하듯이, 모두가 막연하게나마 들은 기억이 있고 자기도 모르게 사용하고 있는 것을 타인에게 들어 평균화해가는 경우가 많다. 일본은 공통화가 잘되는 나라이다.

그러므로 일본에서 비즈니스를 하려고 한다면, 장르에 따라 다르겠지만, 대개 평균적인 일본인을 상정해서 1억 명에게 전달하면 된다.

"일본인 1억 명에게 어필하다."

균질적이라고 하면, 비판도 많지만 장점도 많다.

일본은 1억 명의 인구가 '마을 사회'를 구성하여 사는 희귀

한 나라이다. 그중에서 6천만 명 이상이 인터넷의 유행을 좇아 가고 있는 상황이라고 나는 생각한다.

반면에 미국은 인구가 3억인데, 커뮤니티가 지나치게 분단되어 있다. 그곳에서의 전략은, 우수한 시스템을 만들고 편리함을 앞세워 시장을 천천히 확대해나가는 방법밖에 없다. 편리함이 있으면 영국인도 사용하기 시작해, 전 세계의 영어권 나라들로 확장해갈 가능성이 있다. 구글은 광고비를 내지 않아도 너도나도 사용함으로써 어느새 전 세계로 퍼져나갔다.

영어권 시장은 세계에서 20억 인구의 규모이다. 그 시장을 노린다면, 한 나라에서 광고를 하기보다 제품의 우수함을 자연스럽게 퍼트리는 편이 효율적이다.

일본에서는 좋은 시스템보다도 모두가 알고 있는 시스템이 중시되므로, 광고를 하는 것이 잘나간다. 그러니 엔지니어가 중시되지 못하고 광고회사의 파워가 더 세다. 결국 일본의 우수한 엔지니어는 차츰 해외로 유출되고, 장사꾼에게는 안일한 나라가 되고 말았다.

서브 스킬이 있다면, 업계를 이동하는 것에 대해서도 알아두도록 하자.

최근 오락소설로 잘나가는 사람들 중에는 성인게임 출신의 작가들이 많다. 성인게임 시대에 글을 쓰던 사람이, 성인게임이 팔리지 않게 되자 오락소설로 전향해 성공한 구도이다. 업계가 망하더라도 우수한 사람들은 다른 업계로 민첩하게 옮겨가 그곳에서 능력을 발휘할 수 있다. 〈마법소녀 마도카☆마기카〉의 원작자인 우로부치 겐(虛淵玄)은 성인게임 업계 출신이다. 신카이 마코토(新海誠)도 성인게임의 오프닝 비디오를 만들던 사람이다.

자신이 몸담을 업계를 바꿀 것인가 말 것인가, 그것을 분별하는 포인트가 있다.

그것은 양극화되었는가 아닌가이다. 양극화가 극대화되었을 때, 그때가 바로 업계가 쇠퇴할 때이다. 최상층이 견고해져 버리면, 스킬이 뛰어나도 먹고살기 힘든 신인들이 대거 양산되고 만다. 서서히 새로운 사람이 들어오지 않게 되고, 다른 업계로 흘러들어 그곳에서 선두를 지향하기 시작한다.

신문기자가 차츰 인터넷 미디어로 옮겨가는 것도 마찬가지이다. 《아사히》나 《요미우리》는 어떻게든 유지되고 있는 듯하지만, 《마이니치》나 《산케이》는 힘든 상황인 게 분명하다.

톱을 유지할 자신이 있다면, 사양길에 접어든 업계에서도 어떻게든 버틸 수 있다. 업계가 소멸해도 기술만 있으면 얼마든지 시프트 체인지할 수 있다. 그런 의미에서라도 몇 살에 시작하든 서브 스킬은 배우고 연마해두면 손해 보는 일은 없을 것이다.

유니크한 사람이 살아남는다

서브 스킬이 있다는 것을 전제로 하고, '포지션' 이야기로 돌아가보자.

어느 시대가 됐든 사람이 사람을 뽑는다. 이것은 바꿀 수 없다. 사람이 사람을 뽑을 때의 기준이 뭐라고 생각하는가?

"객관적인 우수성을 가지고 있다."

앞서 말한 서브 스킬 이야기이다.

다만, 대다수의 사람들이 그것밖에 생각하지 못한다. 그래서 자격증 산업이나 영어회화 교재는 사라지지 않는다.

사람이 사람을 뽑는 기준은 우수성이 아니다. '재미있는가 아닌가'이다. 재미있으면 함께 일하는 것이 즐겁다. '우수한가 아닌가'는 실제로 일을 해보지 않고는 알 수 없다. 이전 회사에서는 우수했더라도 다른 회사에서는 적성과 안 맞을 수도 있다.

재미있는 사람이 재미없는 사람이 되려면 적어도 10년은 걸린다. 재미없는 사람이 재미있게 되는 순간은 가끔 있다. 갑자기 돌변한 연예인을 관찰해보면 알 수 있다.

채용했다가 무능함을 알았다 하더라도, 성격이 밝고 재미있으면 회사의 전 직원이 납득할 수 있다.

그렇다면 어떤 사람이 재미있는가? 이것을 언어화해서 말하기는 꽤 어렵다. '별나다' 혹은 '유니크하다'라고 바꿔 말하는 편이 의미상으로는 가까울지 모른다. 질문에 당연한 대답을 하는 것이 아니라, 상정하고 있던 대답과는 적잖이 다른 대답을 하는 사람이라고 말하면 이해가 될까?

참고로, 나는 이름이 재미있다는 이유만으로 채용한 경우도 있다. 오니마루(鬼丸)라는 사람이다. 딱히 인기 개그맨 같은 재미가 필요한 것이 아니다. 그저 조금 다른 것만으로 충분하다.

미국의 많은 자기계발서에 '유니크하라'라는 말이 있다. 다른 사람들과 다른 점을 만들 것을 요구하는 말이다.

흔히 '유니크하다'라고 하면 유머러스함을 떠올리기 쉽지만, 아니다. '다른 사람과 약간 다른 상태가 되다'라는 뉘앙스이다. 무리해서 개성을 끌어내려는 사람은 꽤나 힘들겠지만, 그래도 무개성보다는 그나마 낫다.

쇼와 시대(昭和, 1926~1989)는 비슷한 사람들을 한데 모아놓고 공장에서 제품을 만들던 시대였다. 지금은 그것이 완전히 종식을 선언했다.

창의적인 일이 훨씬 이익률도 높고 생존할 수 있는 시대가 되었다. 단, 뭔가 아이디어를 내거나 상품을 만들려고 하면, 이상하게 남들과 같은 발상을 하기 십상이다. 게다가 인기 있는 직업은 비슷한 사람이 집중적으로 응모하기 때문에, 뭔가 특출나지 않으면 눈에도 띄기 어렵다. "취미가 뭡니까?"라는 질문에 "낚시입니다"라거나 "야구입니다"라는 평범한 대답밖에 못 하면, "아, 그래요?"로 끝나고 만다.

보통 사람들이 가치를 느끼지 못하는 것을 어쩌다 한 번쯤 해보는 것이 좋다. 가령 자른 손톱을 20년간 빠짐없이 보관하고 있는 사람이 있다고 치자. 보통 초면에는 그런 이야기를 안 하겠지만, 면접 현장 같은 곳에서 파고들면 의외로 뭔가가 나오게 되어 있다.

'이상한 사람'이란, 자신이 보기에는 보통이라고 생각하는 법이다. 그것이 타인의 지적을 받거나, 누군가에 의해 발견됨으로써 현재화한다.

"남들과 약간 다른 점은 무엇인가?"

그렇게 어렵게 생각하지 않아도 된다. '좀 이상해' 정도의 뭔가가 있으면 그걸로 충분하다.

일본 유일의 엘리베이터 블로그를 운영하는 작가가 있다. 세계적으로도 흔하지 않은 '굽은 엘리베이터'를 찾아내 현지에 가서 사진을 찍는다고 한다. 누군가에게 강요받아 굽은 엘리베이터를 좋아할 수는 없다. 왠지 모르지만 그냥 좀 마음에 걸려서 조사하다 보니, 점점 좋아지게 될 뿐이다.

그 밖에 이런 사람들도 있다.

"타이완 거리의 오목하게 들어간 베란다 풍경이 좋아요!"

"지방의 도로변에 있는 성인용품 자동판매기를 탐험하고 있습니다."

이런 것들을 즐기는 데 노력 따위는 존재하지 않는다. 타인과 비교해도 의미가 없고, 누군가가 칭찬하든 말든 상관없다. 제멋대로 의미를 발견하고 빠져들 뿐이다. 그야말로 1%의 노력을 하는 사람이고, 이 책의 뒷부분에서 자세히 이야기할 '일하지 않는 개미'의 한 사례이다.

만일 그런 것이 없을 경우, 또 하나 들려줄 충고가 있다.

평소 살다 보면, '수많은 사람 중에서 한 사람밖에 할 수 없는 역할'과 부딪히는 때가 있을 것이다. 학교라면 학생회장을 정할 때가 그렇고, 직장이라면 회식 자리의 간사를 맡을 때가 그렇다. 많은 사람들 중에서 한 사람밖에 맡을 수 없는 역할은, 특수한 포지션으로서 장점이 발생할 가능성이 높다. 그러므로 앞뒤를 너무 재지 말고 얼른 손을 들어도 좋다.

"특수한 포지션의 기회가 왔을 때, 손을 번쩍 든다."

나는 어릴 때부터 그렇게 해왔다.

초등학교 4학년 때 학생회에 들어갈 수 있게 되었는데, 아무 생각도 없이 손부터 들어 입후보했다. 본 적 없는 새로운 세계가 있을 것 같은 느낌에 이끌린 단순한 호기심이었다. 학급위원에도 입후보했다가 그 후 무슨 이유인가로 잘렸는데, 아마 지각이 너무 많아서였을 것이다. 그러고도 다음 학기에 또다시 입후보해서 1년에 두 번이나 학급위원이 되는 드문 경험을 했다.

직접적으로 뭔가 이득이 있었는지 어땠는지는 잘 모르겠다. 다만, 앞뒤 가리지 않고 지적 호기심을 채우려고 하면서도 나중에 어떻게든 되리라고 생각했던 경험은 컸다.

그런 사고방식이 지금도 여전히 있다. 미국 등지에서 비행기를 타면 "더블 부킹(이중 예약)이 돼서 그러는데, 숙박비를 제공할 테니 누군가 내려주시지 않겠습니까?" 하는 상황이 가끔 벌어진다.

시스템 관리상, 더블 부킹은 기획된 사건이다. 취소율이 몇 퍼센트인지 대충 알고 있으므로, 초과 예약을 받아서 가능한 한 자리를 꽉 채우도록 하는 것이다. 공석을 만드느니 차라리 초과하도록 티켓을 팔고, 더블 부킹이 발생할 경우에만 돈을 지불하는 편이 결과적으로는 이득이다. 나는 이것이 정말 효율적인 구조라고 생각한다.

그럴 때면 나는 대개의 경우 손을 든다. 다음 날, 대신 준비된 티켓은 비즈니스석이 될 가능성이 높다. 그 외에도 쿠폰을 받아 여유롭게 무료 호텔에서 하루를 즐길 수 있으니, 그야말로 남는 장사이다.

다른 사례도 있다. 재개발로 없어질 예정인 아파트가 있었는데, 일부러 그 아파트에 들어가 살았다. 몇 년 후에 보상금이 나오기 때문이었다. 월세 3만 엔짜리 아파트였는데, 마지막에 강제로 퇴실당했을 때는 20만 엔의 보상금을 받았다.

나중에 귀찮은 절차 문제가 발생할 수도 있지만, 반사적으로 손을 들 수 있느냐 없느냐는 경험이 말해준다.

지금까지 장소의 중요성과 '포지션'에 대한 이야기를 했다.

나는 임원의 자리에 있는 경우가 많았고, 그렇기에 할 수 있는 이야기들도 있는데, 가능한 한 재현성이 느껴지도록 이야기하려고 했다.

특수한 포지션에 있을 때뿐 아니라 타사와 함께 프로젝트를 할 때도, "실작업을 니시무라 씨에게 떠넘겨도 어차피 마감 내에는 안 하겠지?"라는 평가를 받고 있다는 점도 결정적이다.

그렇다, 왠지 나는 마지막에 득을 보고야 마는 인생인 것이다.

Episode
05

마지막에 득을 보는 사람

'노력'에 관한 이야기

"한 손을 비워두고 있어야 기회를 잡는다."

"우연히 그 자리에 있었기에 잘되었다."

이것이 성공의 비결이라고 하면, 어떤 느낌일까? 잔혹하다고 생각할까?

하지만 아르바이트 세계만 봐도 불합리가 판을 친다. 5시간을 열심히 일한 사람보다 쉬엄쉬엄 10시간 일한 사람이 두 배의 급여를 받을 수 있다. 열심히 일하는 사람의 시급이 100엔 올랐다고 하더라도, 긴 시간 일한 사람의 급여를 따라갈 수 없다.

노력은 좀처럼 보상받기 힘들다. 그렇다고 만사 포기하고 아무엇도 안 하며 집에서 뒹굴거리고 있을 수는 없다. 머리는 굴려야 한다. 인생에서 '지금은 노력해야 할 때'라는 포인트가 있다.

추상적인 이야기지만, 여기에서는 '1%의 노력'의 본질을 상세하게 이야기해보려고 한다.

성공률을 높이는 방법

최소한의 노력으로 최대의 성과를 올리는 것이 그 사람의 생산성이 된다. 과정에서 아무리 노력했다 하더라도 중요한 것은 '결과'이다. 결과를 내서 마지막에 이득을 보는 사람이 되는 것에 대해 생각해보자.

이에 대해 설명할 때, 나는 다음의 이야기를 들려준다.

이런 '의자 뺏기 게임'에 대해 알고 있는가? 각 팀이 의자의 수를 빼앗아 1위 팀을 정하고, 그 팀에서 1명의 리더를 뽑을 수 있다. 그랬더니 다음과 같은 결과가 나왔다.

- 1위 사과팀 223석
- 2위 호박팀 70석

- 3위 양파팀 55석
- 4위 가지팀 51석
- 5위 수박팀 35석
- 6위 배추팀 15석
- 7위 당근팀 15석
- 8위 버섯팀 15석

사과팀이 1위가 되어, 사과팀에서 리더를 뽑으려고 했다. 하지만 2위에서 7위까지의 팀이 "우리는 모두 채소팀이다!"라며 채소팀을 만들었다. 즉, '70 + 55 + 51 + 35 + 15 + 15 = 241'이 되어 사과팀을 제치고 채소팀이 톱이 되었다.

- 1위 채소팀 241석
- 2위 사과팀 223석
- 3위 버섯팀 15석

이제 채소팀 중에서 리더를 정하면 되는데, 의자가 가장 많은 호박팀에서 리더를 뽑으려고 하자 문제가 발생했다. 수박팀이 "우리는 과일로 분류되기도 하니 사과팀과도 한 팀이 될 수 있다"라고 주장한 것이다.

만일 수박팀이 채소팀을 나와 사과팀과 한 팀으로 묶여 과일팀을 만든다면, 채소팀은 2위가 되고 만다.

- 1위 과일팀 258석
- 2위 채소팀 206석

"그러니까 우리를 리더로 해줄 곳과 한 팀이 되겠어!"

이렇게 해서 채소팀 사람들은 수박팀의 주장대로 수박팀에서 리더를 뽑게 되었다. 원래는 5위였던 팀에서 리더가 탄생한 것이다.

어떤가? 황당무계한 이야기처럼 들릴지 모른다. 하지만 1993년, 일본신당의 호소카와 모리히로(細川護熙) 내각총리대신은 이런 방식으로 탄생했다.

"마지막에 승리하기 위해서는 어떻게 하면 좋을까?"

이를 주시하면서 항상 처세 방법을 강구해두어야 한다.

이 의자 뺏기 게임 이야기는 그야말로 '1%의 노력'에 들어맞는 최적의 사례이다. 이런 인생을 살 수 있으면 얼마나 좋을까.

우수한 프로그래머를 위에서부터 순서대로 나열하면, 나는 상위권에 들어갈 리가 없다. 나는 원래 일할 마음도 별로 없고, 은둔형 타입에, 좋아하는 일만 세월아 네월아 지속해왔다. 단지 내가 해왔던 일이 어쩌다 보니 돈이 되는 일이 많았다. 그래서 결과적으로 성공했다고 일컬어질 뿐이다. 때마침 인터넷에서 광고 형태의 사업이 탄생했고, 그것이 일반화되기 시작한 시점에 '2채널'에도 광고가 들어오게 되었다.

나보다 능력이 뛰어난 프로그래머는 얼마든지 있지만, 하고 있는 일이 돈벌이가 되지 않아서 결과적으로 평가받지 못한 사람이 많다. 앞서 말한 사과팀이나 호박팀과 같은 사람들이다.

사회에서 돈이 될지 어떨지로 사람은 평가를 바꾼다. 사회에서 '천재'라고 불릴지 '괴짜'라고 불릴지를 결정짓는 것은, 그들이 낸 성과물을 사회가 어느 정도로 받아들이느냐에 달렸다.

여기에서 한 가지 질문이 있다.

당신은 '페탕크'라는 스포츠를 아는가? 페탕크는 철로 된 공을 모래사장 위에서 던져 원의 중심을 겨누는 스포츠로, 주로 프랑스에서 즐겨 한다. 만일 페탕크 실력이 엄청 뛰어나다고 해도, 일본에 있는 한은 그것으로 먹고살기는 어려울 것이다. 왜 냐하면 페탕크가 일본에서 비즈니스로서 성립하지 않았기 때 문이다.

압도적인 능력을 가졌더라도, 그 능력을 평가하는 구조가 사 회에 있느냐 없느냐로 천재가 될 수도, 괴짜가 될 수도 있다.

가령 페탕크가 아니라 야구 능력이 뛰어나다면 물론 먹고살 수 있다. 그것은 야구라는 경기에 비즈니스 구조가 자리잡고 있기 때문이다. 중고등학교 남학생들 사이에서 인기가 높은 스 포츠는 야구와 축구 그리고 농구인데, 일본인 중에는 농구만 으로 생계를 꾸려가는 사람은 극소수에 불과하다. 그런 의미 에서 보면, 같은 신체 능력을 발휘할 수 있다면 야구나 축구로 서둘러 옮기는 편이 성공할 가능성은 높다.

그렇게 자신의 능력을 주시하면서 사회의 니즈에 맞춰갈 수 있는 사람이 세상에서 성공하기 쉽고, 우수한 회사원으로도 적합하다.

반면 "세상이 어떻게 보든 무슨 상관? 난 앞으로도 쭉 페탕 크를 할 거야!"라는 유형 중에서도, 어느 순간 사회의 니즈가 발생해 잘나가는 사람들이 있다. 다만 햇볕이라곤 전혀 보지 못하고 평생을 마감할 가능성도 높다.

사회의 니즈에 맞춰나갈 수 있는가는 중요하다. 그리고 그것은 능력치의 절대적인 높이와는 또 다른 이야기이다.

이상의 이야기는 안정적인 수입을 안겨주는 본업에 대해 생각해야 할 포인트이다. 취미나 좋아하는 스포츠로서 페탕크를 하는 사람은 그대로 밀고 나가면 된다.

앞에서 말한 '할 수 있는 일, 하고 싶은 일'의 이야기와 상통한다. 일과 취미는 구분해서 생각하자.

톱이 아랫사람을 죽일 수 있다

언젠가 손정의 씨가 "죽을 각오로 하면 못 할 일은 없다"라는 말을 트위터에 써서, 내가 거기에 항의한 적이 있다. 손정의 씨처럼 사람들 위에 군림하는 사람이, 아랫사람을 향해 "노력해!"라고 말하는 것은 사회에 역효과를 미칠 수 있다고 생각하기 때문이다.

한때 일본군은 미국과 전쟁을 했다. 그 당시, 아무리 생각해도 일본군이 미군과 싸워서 이길 수 없었다. 석유나 탄환의 수, 식량 등 자원과 물자의 양이 다르고 병사의 수도 달랐다. 그런

데도 개인의 노력으로 어떻게든 해보겠다고 했고, 그 결과 수많은 사람이 목숨을 잃었다. 윗사람들의 판단으로 수많은 일반인이 희생된 것이다.

아랫사람이 아무리 노력해도 역시 이길 수 없는 것은 이길 수 없다. 옳은 전략이고 옳은 작전인가 아닌가, 그런 윗선의 판단이 우선 존재한다.

지금 도시바와 같은 대기업이 경영적으로 기울고 있다. 도시바의 사원 한 사람 한 사람의 노력이 부족한가 하면 그렇지 않다. 아마 다른 기업과 비교해도, 현장 인력의 노력의 질과 능력의 차이가 그 정도까지는 아닐 것이다.

나쁜 것은 경영진이다. 도시바의 경우, 원전 사업에 투자해 막대한 적자를 내는 바람에 경영이 덜컹덜컹 흔들리고 말았다. 도시바 사원의 노력이 부족한 탓이 아니다. 커다란 조직의 톱이 되면 현장 상황을 알 수 없게 되고, "모두의 노력이 부족해서"라는 등의 말을 흘리며 스태프의 책임으로 돌리려고 한다. 하지만 원래는 톱의 판단 착오로 결과가 좌우되는 것이다.

물론 이 말은 반대의 경우에도 적용된다.

"톱의 판단이 옳으면, 아랫사람이 '적당히' 일해도 잘된다."

'적당히'라는 말이 지나칠지 모르지만, 우수한 경영진이 제대로 된 전략을 세웠다면 말단은 매뉴얼의 지시대로만 일하면 된다.

예를 들어보자. 막스 무라이 씨가 톱으로 있는 회사가 상장했다. 그곳의 CFO라는 재무팀 수장이 3천만 엔 정도를 횡령해서 경찰 조사를 받게 되었다. 요컨대 CFO가 나쁜 놈이었던 것이다. 하지만 막스 무라이 씨가 유튜브로 일을 해서 동영상을 올리고 스태프를 늘리고 상품을 팔아서 상장한 이후, 지금도 여전히 회사는 잘 굴러가고 있다. 스태프 중에 나쁜 놈이 있어도 윗사람의 판단이 옳으면 어떻게든 된다.

어쨌든 사업 실패는, 판단을 하는 윗사람들의 판단 착오가 원인이 되는 경우가 훨씬 많다.

톱이 어떤 생각을 가지고 어떤 비전을 그리고 있는가? 이에 대해 한 번쯤 생각해보는 편이 좋을 것이다. 감시하거나, 직접 물어볼 수 있다면 물어보는 것도 좋다. 그도 그럴 것이, 자기 혼자 죽어라 일을 해도 톱의 판단으로 모든 것이 물거품이 될 수 있으니 말이다.

주변을 한번 둘러보자. 톱이 우수하다는 이유로 비교적 편하게 덕을 보는 사람도 많으므로, 그것은 그것대로 좀 초조해할 필요가 있다. 환경이 좋은 덕분에 자신의 실력 이상의 성과를 내는 경우가 종종 있다. 그것을 자기 실력인 양 착각해서는 안 된다.

마음속으로 '이것은 환경 덕분이야'라고 생각하면 된다. 그것만으로 주변 사람들보다 머리통 하나쯤은 훌쩍 성장할 수 있다.

이치로 선수가 "노력을 노력이라고 생각하게 되는 순간, 좋아서 하는 사람에게는 이길 수 없어요"라고 말한 적이 있다. 나도 그의 생각이 옳다고 본다.

예컨대, 나는 게임도 하고 영화도 보고 만화도 읽는다. 많은 시간을 엔터테인먼트에 소비하는 일이 많다. "매일 두 시간씩 반드시 영화를 보세요"라고 해도 거뜬히 할 수 있다. 하지만 매일 두 시간씩 반드시 뜨개질을 하라고 하면? 아마 일주일도 못 가서 미쳐버리고 말 것이다.

좋아하지도 않는 일을 강요받으면, 사람은 그것을 '노력'이라고 느끼게 된다.

내가 영화를 좋아해서 보는 것은 노력이라고 생각하지 않는다. 그저 좋아서 보는 것이다. 그런데 만약 압도적인 노력으로 영화를 봐야 한다면, 반대로 영화가 싫어지고 말 것이다. 그렇게 되면 영화를 좋아하는 사람에게는 이길 수 없다.

가령 회사 조직에서 사원이 노력하지 않으면 안 되는 회사와, 슬렁슬렁 일해도 잘 돌아가는 회사가 있다고 하자. 말하나 마나 슬렁슬렁 일해도 잘 돌아가는 회사가 훨씬 안정적이다.

철야까지 해서 간신히 처리했다 하더라도, 그것을 매주 하라고 하면 몸이 남아나질 않는다. 일이라고 하는 것은 기본적으로 매월 일해서 돈을 받고, 다음 달도 마찬가지의 일을 하는 것을 몇 십 년간 해야 하는 것이다. 20대부터 60대 후반 정도까지 일하게 되는 만큼, 무리하지 않고 오래 지속하는 것이 무엇보다 중요하다. 압도적인 노력으로 철야를 밥 먹듯 했다가는, 쓰러지는 것은 시간문제이다. 젊은 사람조차 우울증에 걸리기도 한다.

본인이 좋아해서 하는 거라면 좋다. 방송국이나 광고회사의 직원 중에는, 일이 너무너무 좋아서 잠도 안 자고 열 몇 시간씩 일하는 사람이 흔하디흔하다. 그거야 좋아해서 하는 일이니 문제될 게 전혀 없다.

하지만 '내가 하니까 너도 해라!'라는 식의 강요로 하는 것은 이야기가 다르다.

"노력은 남에게 강요하지 않는다."

'성공한 사람은 모름지기 노력을 한다'와 같은 신화가 있는데, 이는 노력하고 있다고 보여지느냐 아니냐의 문제일 뿐이다. 나는 비슷한 연령대의 사람들보다는 비교적 행복하게 살고 있으니 성공한 축에 든다고 생각하지만, 그다지 노력한 기억은 없다. 노력했다고 보여지는 것만으로도 충분하다.

학창 시절에는 특허를 따서 한탕 크게 해야겠다고 진심으로 생각했다. 자는 동안 돈이 저절로 들어오는 일은 특허밖에 없다고 생각했으니까. 그런데 특허로 성공한 사례를 찾아보면, 대부분 이상한 발상을 하는 사람이 어쩌다가 문득 떠올린 것들 뿐이다. 가능한 한 사방팔방으로 손을 뻗쳐 요소요소를 탐색하다가, '이거다!' 싶은 곳에 집중한다. 그러다 운 좋게 잘되면 그것이 '노력이었다!'라고 미화된다. 이것이 진실이다.

'어쩌다 문득'을 기다리자. 노력을 강요하는 것은 그만두자. 이것만으로도 세상은 더 행복해질 수 있다.

편함을 좇지만 편할 수 없는 모순

'1%의 노력'이라는 말은 편집자가 제안해준 것이다.

나는 지금까지 노력해온 것도 아니고 천재과도 아니지만, 이렇게 객사하지 않고 살아 있는 것을 보면 다소의 노력은 있었던 것이 분명하다. 사방팔방 기웃거려도 보고, 승산이 있어 보이는 장소를 선택하는 데도 일가견이 있었다. 이런 사고방식의 뿌리에 해당하는 것들을 지금까지 이야기했다고 생각한다.

여기서부터는 '1%의 노력'의 본질에 대해 이야기해보려고 한다.

가상화폐의 버블 이전에 가상화폐를 샀던 사람은, 단도직입적으로 말해 어떤 노력도 하지 않았다. 그냥 어쩌다 샀던 것이 어쩌다 높게 팔렸을 뿐, 어떤 노력도 없었다.

어떤 일에 성공했을 때, '어떤 노력을 했는가?'가 100% 필요하다고 인식하는 것이 일반적이다. 하지만 어쩌다 일본인으로 태어난 것이 소말리아에서 태어난 것보다 행운이었다는 수준의 이야기일 뿐, 노력으로 바꿀 수 있는 부분은 사실 아주 극소수에 불과하다.

노력으로 모든 것을 바꿀 수 있는 '노력이 보상받는 사회'라면, 보다 우수한 인재들이 나와서 일본은 훨씬 좋은 상태로 바뀌었을 것이다. 하지만 그렇게 되지 않았다.

그런데 왜 노력에 관한 신화가 존재할까?

그것은 극히 일부의 '노력할 수 있는 재능'을 가진 사람이 있기 때문이다. 그 재능이 있으면, 어떤 경쟁에도 맞설 수 있고 돌파할 수 있으며 점차 승리하는 데 익숙해질 것이다. 입시 경쟁을 뚫고 일류 대학에 들어가고, 변호사니 회계사니 하는 난관의 자격증을 취득하고, 일부 상장기업에 들어갈 수 있다. 이것들은 다 '노력할 수 있는 재능'이 있기에 가능한 일이다.

그리고 나에게는 이런 재능이 없다. 노력할 수 있는 재능이 없다면, 아무리 노력해도 정공법으로는 그들을 이길 수 없다. 뭔가를 성취하기 위해 노력하지 않으면 안 될 장소를 선택한 순간, '노력만 좀' 해도 성공해버리는 사람이 진검승부를 하겠다고 나서면 그것으로 선두를 뺏기고 만다.

이럴 때의 정면 돌파는 핸디캡을 등에 진 100미터 달리기와 같아서, 절대 이길 수 없다. 그러므로 자기 입장에서 노력하지 않아도 결과가 나올 곳을 찾아가는 편이 절대 유리하다. 역설적인 이야기이지만, 이것이 진실이다.

"경쟁이 필요 없는 곳을 공략하라."

예컨대 부자와 결혼하면 부유하고 행복하게 살 수 있으리라 생각하는 사람이 있다. 결혼 활동에 전력을 기울이는 유형이다. 부자와 결혼해서 편하게 사는 것이 목적이었는데, 어느 틈엔가 자기 연마를 죽어라 하는 '그릇된 노력'으로 변하고 만다. 물론 효율적으로 좋은 결과를 얻는 일부 사람들이 있기는 하다. 하지만 대다수가 결혼에 골인하지 못하는 것에는 변함이 없다. 노력은 물거품이 되고 결국 아무것도 남지 않게 된다.

이런 일들은 세상에 널리고 널렸다.

나는 지금 '4chan'이라는 영어권 사이트를 운영하고 있다.

'2채널'과 마찬가지로 계정이 없는 것이 특징이다. 다수의 사이트는 페이스북처럼 계정을 취득하는 유형이 주류이다. 계정제로 운영하면, 확실히 한 사람 한 사람 유저를 늘려갈 수 있다. 그런 서비스를 만들려는 회사는 세상에 많다.

반면 모두가 익명으로 내킬 때 글을 게시하도록 하는 서비스는, 문제가 발생하기도 쉽고 그래도 어쩔 수 없다고 생각하는 경향이 강하다. 그만큼 그 세계는 경쟁이 적어서, '나도 해볼 수 있겠는걸!' 하는 생각으로 뛰어들었다.

일본의 인구가 감소한다는 것은 일본어를 사용하는 사람도 감소한다는 것을 의미하는데, 영어권은 다르다. 장기적으로 보더라도 영어를 사용하는 사람이 사라질 일은 아마 없을 것이므로, 영어권의 익명 커뮤니티는 언제까지나 지속될 수 있다. 어느 정도 규모가 커지고 나면, 아무것도 안 해도 저절로 돌아가기 때문에 노력은 필요 없다. 나는 지금까지 이런 방법으로 일을 선택해왔다.

'열심히 노력해서 손에 넣는다'라는 선택지를 고른 순간, 어느새 반드시 타인이 앞지르게 되어 있다. 앞서 말했던 가상화폐 사례가 잘 보여주었다. 모두가 미심쩍어 하고 있을 때 손을 뻗은 사람은 크게 거머쥐었고, 그들을 따라 뒤늦게 합류한 사람은 빈손으로 끝났다.

대개의 비즈니스에 이와 비슷한 부분이 있다. 돈벌이라는 걸 아는 시점에는 이미 늦다. 반대로 돈이 안 될 것 같은, 그래서 누구도 손댈 엄두를 못 내는 곳이야말로 기회가 굴러다니기도 한다.

바로 거기에 걸어보는 것이 좋다. 통 크게 전 재산을 거는 것은 안 되지만, 실패하더라도 크게 다치지 않을 정도의 모험은 해보는 것이 좋다.

다 함께 해결한다는 신화

'반공일'이라는 말을 들어본 적이 있는가?

옛날에는 토요일에도 학교에 갔다가 정오에 돌아왔다. 그처럼 오후 시간을 쉬는 것을 '반공일'이라고 불렀다.

반공일이라는 시스템은 일본과 잘 맞는다고 생각했다. 일본은 다 함께 하나하나 문제를 클리어해가며 질을 높이는 문제 해결 방법으로 경제 성장을 이룩했다. 서로 협력하는 분위기가 중요했다. 하루 일과가 끝나면 "자, 한잔하고 가자고!"라며 술자리가 이어지고, 술자리 담화가 원활한 소통을 위해 기능했다. 그렇게 한 팀이 되어 문제 해결에 나섰던 것이다.

능력에 자신 있는 사람은 사내 분위기 따위 상관할 것 없이, 자기 할 일만 척척 추진하면 된다. 하지만 우수함은 상대적이라서, 집단인 이상 반드시 평균 이하의 사람은 있기 마련이다. 각 회사의 엘리트를 100명 모아도, 그중에서 하위에 있는 사람들은 뒤처지게 된다.

종신고용이라는 것도 지금은 옛말이 되어, 능력이 없는 사람은 언제 정리해고될지 모르는 세상이 되었다.

하지만 능력이 부족하더라도 "저 사람이 있으면 분위기가 산다니까!"라고 평가되는 사람은 일정 수가 존재하므로, 책임이 적은 일을 맡기는 대신 그들을 커뮤니티에 배치해서 얻는 장점이 있다.

"나는 '좋은 사람'으로 평가받고 있는가?"

다른 책에서도 쓴 바 있지만, 구글에서는 동료들 간의 화합을 해치지 않는 '좋은 사람'을 우선적으로 채용한다. 직원들이 어설프게 경쟁해서 관계를 해치는 것보다는 구글 내의 평화로운 커뮤니티에서 안심하고 일하는 편이 원활하게 잘 돌아가기 때문이다.

당신의 회사는 어느 쪽 패턴에 속하는가?

돈벌이만을 목적으로 뭉친 집단인가? 커뮤니티로서의 귀속의식도 있는 집단인가?

회사에 따라 분위기가 다를 것이고, 어느 쪽이 정답이라고 단언하는 것도 아니다. 다만 자신이 추구하는 것과 다른 유형

1%의 노력

의 환경이라면, 최악이다. 일만 하고 싶은 사람에게 사내 이벤트의 간사를 맡긴다면 그에게는 고통일 것이고, 그 반대도 마찬가지일 것이다.

능력이 수치화되고, 게다가 개인의 매출과 완전히 일치하는 일은 극소수에 불과하다. 다 같이 여유를 가지고 잘해나갈 방향을 찾아가면 얼마나 좋을까.

광고회사의 경우, 한 가지 프로젝트에 대해 "저 일은 내가 따낸 거야!"라고 자랑하는 사람이 너무 많아서, 그 수를 다 더하면 프로젝트의 수보다 더 많더라는 우스갯소리마저 있다. 그만큼 느슨해도 좋다.

머리가 좋은 사람이 인솔해가는 미국의 전략을 따라 하더라도, 결국 미국을 이길 수는 없다. 따라서 집단으로 문제를 해결해서 사이좋게 나아갈 방향을 공략하는 편이 좋고, 쾌활함과 처세술 등으로 조직에 '보이지 않는 형태'로 공헌할 길도 남겨두는 것이 좋다.

자신의 커리어를 고려해서 '좋은 사람'으로 사는 것도 '1%의 노력' 중 하나일지 모른다. 모든 사람이 출세와 경쟁만 안중에 두고 산다면 얼마나 숨 막히고 힘들까.

이제까지 계속 이야기해왔듯이, 자기 유형에 맞는 업무 방식

을 찾도록 하자. 일하기 좋아하는 유형인가, 혹은 그렇지 않은
가? 어느 쪽 길이라도 좋다.

사회 시스템이 나쁘다

세상에는 '100%의 노력'이라는 신앙이 넘쳐나고 있다.

하지만 생각을 좀 해보면, 그 어떤 일에서도 '100% 나의 실
력'이라고 말할 수 있는 경우는 극히 드물다.

유전자인가, 환경인가? 선천적인가, 후천적인가?

이런 시점도 행복하게 살기 위해서는 어느 정도 필요하다.

본인이 인기를 얻으려고 노력해서 연인이 생겼다고 해도, 원
래 얼굴 생김이 좋아서, 즉 유전자의 영향도 있었다고 말할 수
있다. 이처럼 결정적인 요인은 하나만이 아니다. 여러 가지 요
소가 결합되어 인생은 성공으로 이어지게 된다.

이 사실을 받아들이기 위한 이야기를 해보려고 한다.

먼저 대부분의 사람은 '자유의지'를 아주 중요하게 생각한다.
자유의지란, '좋았어! 이것을 하겠어!'라고 스스로 분명히 의식

한 이후에 노력을 기울여 그것을 성취하는 식의 힘을 의미한다.

돈벌이나 다이어트에 관한 책은, 이런 자유의지가 정상적으로 기능한다는 대전제 아래 쓰인다. 그래야 독자가 돈을 벌지 못했거나 살 빼기에 실패했더라도, "당신의 의지가 약해서"라며 저자는 피해갈 수 있다. 합격 실적을 세일즈 포인트로 내세우는 입시학원이나 가정교사도 최종적으로는 "너의 노력이 부족했다"라고 얼마든지 말할 수 있다.

어떤 의미에서는 최강의 사고법이다.

그렇다면 이 자유의지로 인생을 바꿀 수 있는 범위는 도대체 어느 정도일까?

나는 제로까지는 아니더라도, 아주 적다고 생각한다.

예컨대, 경기 침체의 정도와 자살률이 관련이 있고, 부잣집에 태어난 편이 좋은 학교에 진학할 확률이 높다. 이는 사회학 영역에 해당하는 이야기이지만, 개인의 행동은 환경에 따라 '어느 정도'는 영향을 받게 된다.

여기서 '어느 정도'라는 표현이 포인트이다.

부모가 의사라고 해서 그들의 자녀가 100% 의사가 되는 것은 아니다. 다들 잘 아는 사실이다. 하지만 아이도 의사가 되면 좋겠다고 부모나 친척들은 은연중에 기대하고 있다. 아이도 어릴 때부터 저도 모르게 의식한다. 하루하루의 사고에 영향을 미치면, 대학 입시를 고려할 때 의학부를 선택할 확률이 높아진다. 또 "의사가 되겠습니다!"라고 말했을 때, 반대하는 사람도 적을 것이다.

이는 반대의 경우도 마찬가지이다. 부모가 딱 부러지지 못하고 무질서하면, 아이들도 씀씀이가 헤프거나 대학도 고등학교도 안 다닐 확률이 높아진다. 그런 환경에서 자란 아이를 향해, "네가 노력하지 않으니까 나빠!"라거나 "네 머리가 나빠서 그래"라는 식으로 100% 자기 책임인 양 탓해서는 안 된다.

'환경이나 유전자에 의한 어떤 영향이 있었을지 모른다'라고 상상력을 발휘해보자.

"이것은 유전자 때문인가, 환경 때문인가?"

노력 혹은 유전자 혹은 환경. 이 중 어느 것 하나가 100%인 경우는 있을 수 없다.

다만 1세대에 성공한 스포츠 선수나 기업가에게는 '100%의 노력'이라는 편견이 따라붙고 만다. 이것이 정말 큰 문제이다.

자신의 성공을 100% 자신의 실력 덕분이라고 생각해버린 사람은, 타인에게도 그것을 강요한다. 열에 달뜬 말들을 책이나 블로그에 적기도 하고, 다큐멘터리 방송에 나와 성공담을 늘어놓기도 한다. 미디어도 그것을 요구한다.

"성공 비결은 무엇입니까?"

"죽을 만큼 노력한 덕분입니다."

이런 대화를 지금까지 얼마나 많이 들었던가.

나처럼 "어쩌다 보니"라고 대답하면 미디어가 싫어하고, 책으로도 안 나온다. 이 책에서는 '어쩌다 보니 성공했다'라는 정론을 제시한 상태에서, 그럼에도 '조금이나마 사고방식으로 바뀐 부분'으로서의 '1%의 노력'이라는 타협점을 찾아내고자 했다. 이에 대해서는 독자 여러분도 제대로 판단할 수 있으리라 믿기 때문에, 여러분의 판단에 맡겨두기로 한다.

어쨌든 '100%의 노력'을 운운하는 사람을 인정해버리면, 타인에게 그것을 강요하는 것도 용인하게 되므로, 나는 철저하게 그것을 차단하고자 한다. 그런 강요로 인해 직장 괴롭힘이나 과로사가 발생하기 때문이다.

또 알코올중독이나 약물중독은 의지력으로 어찌해볼 수 있는 문제가 아니다. 입수할 수 있는 경로를 차단하거나, 의료의 도움을 받도록 하거나, 치료 후에 복귀할 수 있는 환경을 마련해주거나 할 필요가 있다.

앞에서 '포지션'에 관한 이야기를 했는데, 사회가 어떻고 자신이 소속된 가족이나 회사 같은 집단이 어떤가를 보고, 그에 따른 영향이 얼마나 큰지를 잊어서는 안 된다.

유전자나 환경이 어떠했는가?

한 발짝 물러서서, 자기 탓만 하지 말고 '1%의 노력'으로 바꿀 수 있는 부분은 어떤 것이 있는지를 생각해보는 것이다. 그렇게 사고방식을 바꿈으로써 인생이 편해질 수 있다.

100% 유전자 탓만 하고 부모님을 원망하며 콤플렉스 해소밖에 생각하지 않는다고 치자. 성형수술로 얼굴을 바꾸면, 잠시나마 안도감을 얻을지 모른다. 하지만 금방 얼굴이 아닌 다른 부분이 마음에 걸리기 시작한다. 머리가 좋고 나쁨은 물론이고, 신체적 능력까지 부모 탓을 하게 되는 것이다. 얼굴 성형보다 사고방식을 성형하는 편이 훨씬 많은 사람을 구할 수 있다.

권위에 약한 나

다음으로 '환경'을 어떻게 받아들여야 할지에 대해 이야기해 보자.

당신은 '권위'에 약한가?

이렇게 묻는 나도 의사나 학자가 하는 말은 잘 듣는 걸 보면 권위에 약하다고 할 수 있겠으나, 정도의 문제는 있다. 그 정도를 확인할 한 가지 판단축이 있다.

"나는 선배에게 반항할 수 있는가?"

당신은 어떤가?

뼛속까지 체육계의 DNA가 스며 있는 사람은 선배에게 반항한다는 의식 자체가 없다. 의심하는 것조차 나쁜 짓이라고 생각하는 사람도 있다. 그만큼 권위에 약하다면 순종하며 사는 것이 행복이다. 이제 와서 새삼 싸울 필요는 없다. 그러라고 나는 권하지 않는다.

1년이라도 빨리 입사하는 편이 낫다는 가치관은, 관료들 세계에서 유명하다. 사무차관 자리 하나를 둘러싸고 출세 레이스가 펼쳐진다. 몇 년에 입성했고, 도쿄대 어느 학부 출신인가가 중요한 요소이다. 관료가 아니라 보통의 일반 기업에서도 빈틈없는 사람이 연령순으로 출세한다. 이것은 예로부터 내려온 사회 시스템의 영향이다.

옛날의 일본에서는 장남이 모든 재산을 물려받았다. 차남과 삼남은 제힘으로 알아서 살아야 하는 것이 당연시되었다. 지금도 그 잔영은 남아 있다. 이른바 가부장제인데, 그런 사회 시스템을 가지고 있는 나라는 '권위주의'가 강하다. 윗사람이 정하면 그에 복종하는 것이 당연하고, 윗사람이 정한 것이라면 무의식적으로 받아들이고 마는 것이다.

머리가 좋은 삼남이 불만을 말해도 장남이 정한 것은 절대적이다. 그런 가족제도를 가진 나라는 외부 사회에도 그대로 반영되어, 부친이나 장남이 사장이나 상사로 치환될 뿐이다.

그러므로 실제로 형제가 있고 없고를 따지기 이전에, 사회 시스템으로서 어떤 가족제도를 취하고 있는 나라인가가 사고방식에까지 영향을 미친다. 가부장제에서는 부모로부터 "집안을 너에게 물려줄 수 없다"라는 말이 떨어지면, 모든 것이 사라지고 만다. 그러니 부모의 말이라면 아무리 불합리해도 받아들일 수밖에 없다.

참고로, 나는 유학 시절에 '선배의 말은 절대적이다'라는 생각을 가져본 적이 없었다. 개인이 자기 의견을 주장하고, 이상하다 싶은 것은 이상하다고 말한다. 미국은 그런 환경이었다. 선배니 후배니 하는 관계는, 없는 나라에는 없다.

대륙과 섬의 차이도 있다.

섬나라의 경우에는 획득한 식료와 나눌 사람의 수가 대략 정해져 있다. 한편 대륙의 경우에는 이웃 나라가 침범해와서 모든 것을 앗아가기도 하고, 광활한 토지에서 소수의 사람이 대량생산을 하기도 한다.

이 같은 차이가 있으면, 섬나라 사람들은 열심히 배분을 늘리거나 식료 생산을 증가시키기보다, 자신이 높은 사람이 돼서 '배분을 정하는 사람이 되겠다'라는 전략을 떠올린다. 누구의 불평도 듣지 않고 배분을 결정할 수 있는 사람이 되는 것이 목표가 된다.

옛날이야기처럼 들릴지도 모르지만, 고작 20여 년 전 버블이 붕괴될 때까지는 당시의 대장성(일본 중앙행정기관의 하나로, 재정, 통화, 금융에 관한 일을 관장했다. 2001년 중앙 성청 개편으로 사라졌다-옮긴이)이 정한 일에 모두가 복종했었다. 권위에 약한 국민성을 여태 떨치지 못한 부분이 있다.

미국이나 중국에서는 작은 규모의 벤처기업이 갑자기 대기업과 거래를 시작하는 사례를 곧잘 목격한다. 그것은 두 나라 모두 계약 사회가 성립되어 있기 때문이다. 일본에도 계약은 있다고 반론할지 모르지만, 진정한 계약 사회에서는 상호의 이해관계가 일치하지 않는 것이 당연하다는 전제하에 계약을 맺는다. 서로가 자신의 배분율을 늘리고 싶어 하므로 이해는 일치하지 않는다. "일부만 일치하니까 이 부분만 계약합시다!"라는 상태에서 계약하고, 그 후 서로 다른 의견으로 분쟁이 생기면 재판으로 해결한다.

일본의 경우, 계약서가 뒷전이거나 계약서의 문구를 읽지도 않은 채 도장을 찍거나 하는데, 그것은 서로의 이해가 일치했다는 전제하에 일을 추진하기 때문이다. 그러므로 이해가 일치하지 않거나 왠지 신용이 안 가는 무명 회사와는 계약을 하지 않는다. 대신 계약한 회사와는 반영구적으로 일심동체와 같은 관계가 된다. 대기업이나 유명 기업이라는 사실이 대단한 자격이 되는 것이다.

빌 게이츠가 윈도우로 세계를 석권할 수 있었던 것은, 일본과는 정반대의 접근 방식 덕분이었다. 당시 IBM이 만들고 있던 컴퓨터에 MS-DOS라는 마이크로소프트가 만든 소프트웨어를 탑재하게 되었다. 마이크로소프트라는, 들어본 적도 없는 시애틀의 회사, 게다가 학생이 운영하는 약소기업과 대기업인 IBM이 왜 계약을 맺었을까?

그것은 실제로 프리젠테이션이 훌륭했기 때문이었다. 실물 소프트웨어를 보여주자, "흠, 제대로 작동하는군요. 자, 계약합시다!"라는 판단이 내려졌던 것이다.

일본의 대기업이라면 눈앞에서 틀림없이 작동했다고 해도, 신용할 수 없다느니 실적이 없다느니 하는 허망한 이유를 들어 계약하지 않았을 것이다.

일본은 이런 사회라서, 나는 "작은 기업에서 고생하느니 일단은 대기업에 들어가야 한다"라고 말한다. 모두 권위에 약하다면, 권위를 얻을 수 있는 포지션을 따놓는 것이 좋다. 같은 이유에서 편차치가 높은 대학에 가는 것이 유리할 것이다.

여기까지, 이 책의 핵심인 '1%의 노력'에 대해 이야기를 했다. 이제 나의 노력에 관한 이야기로 마무리하도록 하자.

2009년, 나는 '2채널'의 경영 일선에서 물러났다. 운영하는 데 있어 내가 할 일은 거의 없어졌고, 커뮤니티의 시스템은 아무것도 안 해도 저절로 잘 돌아갔다.

손을 떼고 나서 비로소 깨달은 것은, '아무것도 달라지지 않는다'라는 사실이었다. 콘텐츠의 경우, 운영자와 관리인이 누구인가는 중요하지 않았던 것이다.

시간이 지나 짐 왓킨스와 '2채널' 관련으로 소송이 벌어졌는데, 나는 최고 재판에서 승소하여 지금은 '2채널'의 상표권도 가지고 있는 상태이다. 결과가 좋으면 다 좋다는 말이 맞는지도 모르겠다.

나는 또 '4chan'이라는 영어권 익명 커뮤니티의 관리인이라는 이야기를 앞서 한 바 있다. '2채널'과 '4chan'에서 하는 일은 거의 같다. 둘 다 같은 사상을 가지고 운영하고 있다.

나만이 판단할 수 있는 일들이 발생하면 그에 대처한다. '2채널'의 경우 경찰이 찾아왔다면, '4chan'은 FBI가 찾아왔다는 정도의 차이뿐이다. 본질적으로 하는 일은 같다.

간혹 다른 언어권은 어떠냐는 질문을 받을 때가 있는데, 시장으로서 성립하기 어렵지 않겠느냐는 것이 내 대답이다. 내가 아는 사람이 스페인어권에서 비슷한 서비스를 운영하고 있는데, 광고 수익이 그다지 좋은 편은 아닌 듯하다. 멕시코처럼 다언어를 사용하는 나라에서는 많은 사람들이 영어를 사용한다고 한다.

또 프랑스어권에서 비슷한 일을 하는 사람에게서도 상황을 전해 들은 적이 있다. 프랑스어권의 경우엔 식민지였던 아프리카 지역도 시야에 넣을 수 있지만, 아직 커뮤니티를 볼 수 있는 문화가 아니다. 유럽 내에서도 프랑스어권은 그렇게 많지 않다.

블로그가 처음 생겼을 무렵, 전 세계 블로그의 언어량 중 70%가 일본어였던 시대가 있었다. 일본어권은 1억 명뿐인데도 그런 시장이 성립되는 걸 보면, 역시 구미가 당기는 일이 아닐 수 없다.

그렇다. 글로벌한 차원에서 봐도 1%의 노력으로 성공할 수 있는 곳을 나는 여전히 표적으로 삼고 있다.

Episode
06

내일 할 수 있는 일은
오늘 하지 마라
'패턴화'에 관한 이야기

코드를 작성할 때 신기한 일이 벌어진다. 잘될 때는 막힘없이 만들어지고 안 될 때는 전혀 안 된다. 그럴 때는 일찍 포기하고 잠을 청하는데, 다음 날이면 막힘없이 술술 해결되는 때도 있다. 잘 안 될 때 일찍 포기하는 것도, '1%의 노력'에 필요한 요소이다. 철야로 건강이라도 해치면 본전도 뭣도 없다.

나의 좌우명은 '내일 할 수 있는 일은 오늘 하지 마라'이다. 내일이 되면 도저히 할 수 없을 것 같은 일만 오늘 안에 처리하도록 한다. '2채널'이 한창 성장가도를 달릴 때는 주휴가 4일이었다. 재수생일 때부터 빈둥빈둥 지내던 생활과 달라진 게 없었다.

나처럼 시간을 보낼 수 있을지 없을지는 그 사람의 성격에 달렸다. 모두에게 일률적으로 권할 수는 없는 일이다.

당신의 마인드는 어떤지, 적성에 관한 이야기를 해보도록 하자.

나는 천재가 아니었다

자기분석이 서툰 사람이 많다. 맞지도 않는 일을 죽어라 노력해도 보상받지 못한다. 그럼에도 생존자의 편견으로 이야기는 전해진다.

예를 들어, 전쟁터에서 100명이 전장에 투입되었다고 하자. 1명이 살아남고 99명이 죽었다면, 그 1명의 목소리는 남지만 나머지 99명의 목소리는 전해질 수 없다. 그 1명의 이야기가 나머지 99명까지 대변하게 된다. 착각이 생기는 것이다. 그런 착각을 극복하지 않으면 안 된다.

과연 나에게는 어떤 일이 맞을까? 어떻게 생각해야 좋을까?

나는 논리를 중시하는 유형의 인간이지만, 논리가 통하지 않는 사람에 대해 이야기할 필요가 있다. 이때 패턴으로 구분하는 시점이 중요시된다.

이번 에피소드는 '패턴화'가 테마이다.

논리는 중요하지만, 거기에만 의거해서는 축소 재생산될 가능성이 있다.

"다른 방송국에서 이만큼의 시청률이 나온다. 그러니까 같은 기획을 하자!"

방송국에서 이런 일이 벌어지면, 거기에서 거기인 프로그램만 대량생산되거나 축소 재생산되고 말 것이다.

그러니까 논리구조만 가지고 세상이 돌아가는 것은 재미가 없다. 거기에 필요한 것은 이상한 광기를 가진 인물이다. 스티브 잡스처럼 논리를 비약하고 계단을 몇 개씩 건너뛰면서 질주하는 사람 말이다.

만일 근처에 그런 사람이 있다면, 그를 따르는 것이 이득일 거라고 생각한다. 물러날 때도 있을 것이고 낭비가 될 수도 있지만, 한 번의 기회를 노리고 접근해볼 수는 있다.

그러므로 나는 서비스 제작의 출발 지점(제로 지점)에서 논리만 가지고 생각하는 것을 별로 좋아하지 않는다. 하지만 나는 천재 같은 건 될 수 없다. 누구도 생각하지 못할 아이디어를 실현해낸 사람을 보면, 나로서는 불가능하다는 생각부터 든다.

나는 다른 사람이 만든 것을 설명하는 것을 좋아하고, 확장

시킬 수 있는 부분을 찾아내거나 개선점을 지적하는 것을 잘한다. 인생을 돌이켜보면, 나보다 훨씬 재미있는 발상을 잘하는 사람들이 많았다. 하지만 결과적으로 나 같은 사람이 기획하는 일을 한다.

재미있는 발상을 하는 사람은, 지켜야 할 것이 생기는 순간 재미없는 인간이 되고 만다. 연인이 생기거나, 가정이 생기거나, 회사에서 출세를 하거나 하면 천재가 더 이상 천재가 아니게 된다. 40살이 되어 주위를 둘러보면, 그런 식으로 재미없어진 사람들뿐이다.

논리적 인간이 이기는 방법이 있다. 영화나 게임 등의 엔터테인먼트에 많은 시간을 투자하는 것이다. 질로 이길 수 없으면, 양을 철저하게 늘리는 수밖에 없다.

만화를 10시간 내리읽었다고 하자. 그럼 '아, 10시간을 허비하고 말았다'라고 생각하는 사람도 있다지만, 나는 그렇지 않다. '10시간이나 엔터테인먼트 업계에 대해 공부했다'라고 생각한다.

누구보다 영화 감상과 게임을 많이 한다. 덕분에 패를 많이 가지고 있다. 사고방식 하나로, 이를 무기로 바꿀 수 있다.

'2채널'은 '아메조(あめぞう)'라는 커뮤니티를 모방해서 만들었

다고 앞에서 말했다. '싱글벙글 동영상'도 유튜브에 코멘트를 덧씌우는 구조를 만든 '도완고'의 직원이 있어서 거기에 편승했을 뿐이다. 둘 다 제로에서 아이디어를 떠올리는 능력은 필요하지 않았다. 다만 지금까지 축적해온 엔터테인먼트 경험 덕분에, "이거 재밌겠는걸! 이렇게 하면 더 잘될지도 몰라"라고 제안할 수 있었을 뿐이다.

출발선에 선 초심자는 재미있는 아이디어를 생각해낼 가능성이 있는 반면, 아이디어에 얽매이는 경향이 있다. "내가 생각해낸 것이니까 재미있는 게 당연하다!"라고 자신만만해 하는 경우가 많다. 그래서 나처럼 객관적인 관점에서 말해줄 수 있는 사람이 필요하다.

'예스맨'이 되기보다 자기 생각을 거침없이 말함으로써 포지션을 확보하는 것이 두고두고 편하다.

내가 책을 낼 때도 그렇다.

"무엇이든 쓰고 싶은 걸 쓰세요."

편집자가 이렇게 나오면 도저히 쓸 것이 안 떠오른다. 하지만 편집자가 "히로유키 씨의 이런 점들을 쓰면 좋겠어요"라고 출발점을 지정해주면, 그것에 대해 가지고 있는 내 생각을 더해서 쓸 수 있다.

일을 하는 사람은 다음의 세 가지 유형으로 나뉜다.

① 0에서 1을 만들어내는 사람

② 1을 10으로 만드는 사람

③ 10을 유지하면서 11, 12……로 확장해가는 사람

앞서 말했던 초심자 유형의 사람은 ①에 해당한다. 자신의 아이디어를 사랑하고 주변을 끌어들이면서 몰두할 수 있는 사람이다. 아이디어에 대한 자신감은 때로는 무기가 되기도 하고, 때로는 족쇄가 되기도 한다.

①에 의해 완성된 것을 ②의 사람이 개선해 성장시켜간다. 연고나 경험 그리고 대인관계가 힘이 된다.

마지막으로 성장이 멈춘 후, 그것을 유지하는 사람이 ③이다. 대기업에 취직하여 끈기 있게 일하는 유형이다. 세상에선 갈수록 ③의 사람을 냉대하는 추세로 바뀌어가고 있는데, 그들에게는 절묘한 균형 감각이 요구된다. 커다란 조직에서 새로운 일을 하려면, 주위를 무시한 파워 플레이보다 주변을 조정하면서 계획적으로 실행해가는 신중함이 필요하다. 일단 규모가 커진 조직은 방향을 바꿀 때 엄청난 에너지를 필요로 하기

때문이다. 그 과정이 귀찮아져서 회사를 그만두는 사람은 ①
이나 ② 유형이 될 자신감이 있어야 할 것이다.

단, 나는 ③으로서 분투하고 있는 사람을 조용히 응원하고
있다.

"초심자 이외의 사람이 할 수 있는 일은 무엇일까?"

세상에서는 0에서 1을 창조하는 ① 유형이 지나치게 예찬되
는 경향이 있다.

기업가나 크리에이터가 "아이디어를 내놔!"라고 말하는 것
은, 지금까지 내가 부정해온 노력론과 구조가 비슷하다. 만담
가 콤비가 있는데 둘 다 아이디어를 내는 유형이라면, 대부분
의견이 충돌하게 된다. 이럴 때는 한 사람은 '초심자' 역할로 아
이디어를 내고, 나머지 한 사람은 불평 없이 그대로 하는 편이
성공률이 높다.

'초심자 패턴'은 불가능할 때는 쿨하게 포기해도 괜찮다. 앞
에서도 말했듯이 회사 분위기를 좋게 하기 위한 포지션도 있
는 것이다.

누구에게나 다른 길은 남아 있다. 그것을 찾는 편이 좋다.

심심함을 심심함으로 없애는 기술

앞에서 ③의 유형에 대해 설명한 걸 보고 어떤 생각이 들었는가? '지루하다'라고 느낀 사람도 많지 않았을까? 그런 사람에게 추천하고 싶은 것이 '시행착오'를 도입해보는 것이다.

접객업에 종사하더라도 하루하루 별반 다를 게 없으면 지루하다.

"오늘은 고객의 이름을 물어봐야지!"

"'감사합니다' 정도는 고객의 눈을 보고 말하도록 해야겠다!"

이렇게 뭔가 하나쯤 테마를 정해서 실천해본다. 그리고 끝난 이후 그때의 느낌을 확인한다. 이름을 물었을 때 더 많은 주문이 들어올지도 모르고, 눈을 마주치고 나면 구매를 종용하기 힘든 분위기로 급변할지도 모른다. 만사는 실험해볼 일이다.

시뮬레이션을 할 때의 포인트는, 논리적인 반성이 가능한가 아닌가이다. 그로써 지루한 일도 게임이 된다.

"오늘은 어떤 실험을 해볼까?"

참고로 나는 게임을 좋아하는데, 주로 계산하거나 기억해야할 요소가 많은 게임을 즐긴다. 주사위를 던지기만 하면 되는 운을 시험하는 게임이나 순발력을 요구하는 액션 게임은 영 재미가 없다.

아르바이트 이야기를 할 때도 말했지만, 사람을 상대하는 일은 최대의 게임이다. 사람을 쓰는 것만큼 시행착오를 실험할수 있는 것도 없다.

스탠퍼드대학의 법학자 로렌스 레식(Lawrence Lessig)에 따르면, 인간의 행동을 정하는 요인은 다음의 네 가지라고 한다.

① 도덕
② 법률
③ 시장
④ 구조 · 조직

가령 가족 중에 술을 끊게 하고 싶은 사람이 있는 경우에 적용해서 이야기해보자.

첫 번째는 술을 마시는 것에 대한 죄책감을 심어주는 것이다. 이것은 가정환경 등이 영향을 미친다. 이런 모럴에 대해서는 이번 에피소드 후반에 다룰 것이다.

두 번째는 술을 마시면 안 되는 규칙을 만들고, 그것을 어기면 엄중한 벌을 부여하는 것이다. 주변의 감시와 협력이 필요하다.

세 번째는 술의 가격을 높여 살 수 없도록 하는 것이다. 구체적으로는 용돈을 줄이면 술을 사는 것을 포기하기 쉽다.

네 번째는 술을 마실 수 없는 구조를 만드는 것이다. 예컨대 이동수단을 전철에서 자가용으로 바꾸면, 술을 마시고 귀가할 수 없게 된다.

이 네 가지 장치를 적용해보면, 시행착오를 실험하기 쉬워질 것이다.

천재를 지원하는 사람

'싱글벙글 동영상' 시절 나의 역할은, 앞서 일하는 사람의 유형 중 ②(1을 10으로 만드는 사람)에 해당했다. 한 사람의 특출한 재능을 중심으로 콘텐츠를 만드는 편이 산업 전체를 활성화시킨다.

신카이 마코토 감독처럼 특출한 재능을 가진 사람에 대해 "이거 좋은데!"라고 평가하는 사람이 나타나서, 프로듀서가 합류하고 돈이 되는 상태로 발전하는 것이 가장 이상적이다.

한 사람의 재능을 키우기 위해 주변에서 할 수 있는 일은 무엇이 있을까? 크리에이터는 우수하면서도 광기가 있는 사람이 많다. 그들에겐 돈의 유무보다는 사이좋은 스태프와 팀이 되느냐 마느냐가 더 중요하다. 그 사이좋은 스태프가 가령 우수하지 않더라도, 조직으로서는 그것을 인정할 수밖에 없을 것이다. 앞서 말한 '좋은 사람으로 보이는 것'이 바로 여기에서 작동한다.

'재미있는 작품을 만들 수 있다'라는 것은 '다른 사람과는 다르다'라는 것과 같은 의미이다. 정도의 차이는 있을지라도, 광기를 가지고 있기 마련이다. 그 광기를 주변에서 서포트할 수 있느냐 없느냐? 기분 좋게 느끼며 일할 수 있는 환경을 준비할 수 있느냐 없느냐? 광기를 재능이라고 믿고 프로듀스할 수 있느냐 없느냐? 이런 것은 외부에서는 직시하기 힘든 부분이지만, 내부에서는 중요한 요소이다.

먼저 매니저를 잘 선택해야 한다. 특출한 재능에 대해 "사회에 이러이러한 아웃풋을 하는 게 좋다"라고 조언할 수 있는 사람을 옆에 둔다.

예컨대, 국민 만화가인 도리야마 아키라(鳥山明) 씨를 발굴한 《점프》의 전 편집장 도리시마 가즈히코(鳥島和彦) 씨는 우수한 매니저로 유명하다. 《드래곤볼》이나 《닥터 슬럼프》를 히트시켰는데, 그보다 훨씬 대단한 공적이 있다. 도리야마 씨와 더불어, 당시 '점프방송국'에 있었던 호리이 유지(堀井雄二) 씨에게 스토리를 쓰게 하고 작가들을 조직화함으로써 롤플레잉 게임인 〈드래곤 퀘스트〉를 탄생시킨 것이다. 스토리를 만드는 사람, 그림을 그리는 사람 등으로 분류해서 분업화 형태로 제작하는 '픽사'의 방식이다.

다만 이 방식에는 결점도 있다. '지금 현재를 살고 있는 사람이 보고 싶은 것을 만든다'라는 단기적인 마케팅 발상이 되기 쉬우므로, 히트에 성공했다고 하더라도 값싸게 소비되는 측면이 있다. 3년 후에는 누구도 보지 않을 수도 있다. 콘텐츠로서 양질의 것이 생산될 수 있느냐 없느냐와는 또 별개의 문제이다.

그런가 하면 만화 《원피스》에는 이런 이야기가 있다. 작가인 오다 에이치로(尾田栄一郎) 씨에게는 담당 편집자가 따로 정해져 있다. 그 사람은 오다 씨의 전화번호만 입력된 휴대전화를 한시도 빠짐없이 들고 있다가, 잠을 자든 뭘 하고 있든 전화기가 울리면 무슨 일이 있어도 받는다고 한다. 물론 오다 씨로부터 그렇게 하라고 요구받은 것은 아니다. 다만 샐러리맨 편집자로서 너무 막중한 임무를 부여받았을 뿐이다. 만에 하나 오다 씨가 기분이 상해서 "다른 잡지에 연재하겠다!"라는 말이라도 꺼내는 날에는, 회사로서는 엄청난 대손실이 발생하고 말 것이다.

어쨌든 그의 그런 모습이 TV에서 다뤄진 적이 있는데, "촬영 중에도 저는 그 전화는 꺼놓지 않습니다. 지금이라도 전화가 울리면 주저 없이 받을 겁니다!"라고 말하는 모습이 참 해맑았다.

"주변에 지원하고 싶은 사람이 있는가?"

최고 인기의 크리에이터를 옆에서 보필하는 방법으로는 그런 방식도 있을 수 있다.

이것은 딱히 최고 유명인에게만 해당하는 이야기가 아니다. 당신이 몸담은 업계에서, 혹은 회사에서 '이 사람을 지원하자!'라고 생각되는 사람이 한 사람이라도 있다면 충분하다. 그리고 그의 맘에 들려고 애쓰기보다 그 사람의 재능을 키워나갈 방향에서 할 수 있는 일이 무엇인지를 생각하자.

노력할 방향을 정하다

일하는 유형에 대해 이야기했는데, 자기분석을 위해 한 가지 더 권하고 싶은 방법이 있다. 그것은 초등학교 시절의 '여름방학 숙제'를 하는 방식에 따른 것이다. 누구나 어릴 적에 여름방학 숙제와 씨름한 기억이 있을 것이다. 그것으로 재능의 유형을 구분할 수 있다.

① 서둘러 끝내버리거나 매일 일정 분량을 착실하게 하는 유형
② 자유 공작이나 그림 등의 숙제에 시간을 들이는 유형
③ 개학일이 다가올 때쯤 황급히 해내는 유형

이렇게 세 가지 유형이 있는데, 각각의 유형에 맞는 부분을 집중적으로 단련하면 남보다 머리 하나쯤 더 두드러진 존재가 될 수 있다.

차례대로 살펴보자.

먼저 ①은 언뜻 보면 평범해 보이지만, 계획성이 있는 것도 훌륭한 재능 중의 하나이다. 공부에 적성이 맞으므로 지식을 축적해가는 방향으로 노력하면 좋다. 지식만 쌓는다고 하면 어

던지 모르게 행동력이 떨어지는 것처럼 들리지만, 경험과 연계하면 자기 특유의 고유한 지점에 도달할 수 있다. 그 방향을 공략하길 바란다.

②는 시간을 들여도 어쩔 수 없는 일에 시간을 들이는 유형이다. 선생님을 납득시키기보다 자신이 납득하는 것을 중시한다. 어쩌면 대인관계를 싫어할지 모르지만, 혼자서 묵묵히 뭔가를 할 수 있는 것도 재능이다. 사회에서 당장 인정받지 못하는 일에 도전해보길 바란다. 본업도 좋고 부업도 좋고, 혹은 취미라도 상관없다.

마지막으로 ③이다. 나는 이 유형의 인간이다. 돌발적인 일에 대처하는 능력이 있고, "안 돼, 안 돼" 하면서도 마음 한구석에서는 축제를 즐기듯 즐길 줄 아는 재능이 있다. 위기관리나 대인관계를 통한 교섭 등에 적합하다. 이 기술을 단련하자.

자, 당신은 어느 유형에 해당하는가?

"여름방학 숙제를 어떤 방식으로 했더라?"

이에 대해 한 번쯤 자신을 돌아보도록 하자.

만일 ① 유형인데 ③의 영역인 클레임 처리 같은 일을 맡고 있다면, 언젠가 맘고생을 하게 될지도 모른다.

자신의 유형을 어른이 된 후에 바꾸려 하면 상당한 에너지가 필요하다. 그것은 성격을 바꾸는 것과 마찬가지이기 때문이다. 단호하게 '이것은 하지 않겠다!'라고 삶의 방식을 정해버리는 것도 전략으로서 좋은 선택이다.

이쪽이든 저쪽이든 다 '포지션'이고, 내가 어디에 있는지를 알고 있는 편이 훨씬 중요하기 때문이다. 196페이지에 소개한 세 가지 유형과 함께 맞춰봄으로써, 자신의 적성과 맞는지 안 맞는지를 보다 확실히 알 수 있을 것이다. 반드시 생각해보길 바란다.

제로에서 실적 만들기

업무에 있어서 성장곡선을 그리기 위해서는 먼저 '최초의 실적 만들기'를 목표로 삼아야 한다.

에피소드 4에서 '포지션'에 대한 이야기를 했는데, 여러 가지에 관여할 수 있는 입장에 설 수 있는가 없는가는 '실적'이 있는가 없는가로 좌우된다. 슬픈 일이지만 이것이 현실이다.

나의 경우, 최초의 실적을 위해 '논리적으로 설득하는 것'에 중점을 두었다. 게임과 영화에 상당한 시간을 할애하고 있었으므로, 엔터테인먼트의 '재미'에 대해 이야기하는 데는 자신이 있었다. 대부분의 웹서비스에는 엔터테인먼트 요소가 있다. 완전하게 도구화되어 있는 것은 적기 때문에 재미있다고 느끼는 요소가 있기 마련이다.

그때까지 보아온 웹사이트 관련 인풋 수가 많았으므로, 그것을 예로 들어가며 논거로 삼아 이야기하곤 했다. 인풋 수를 늘려두는 것이 상책이다. 그것이 나의 백그라운드이다.

'2채널'이 그다지 유명하지 않았을 무렵, 비슷한 업무를 의뢰받은 적은 있지만 타율은 낮았다. NEC(일본의 통신·전자기기 종합 회사―옮긴이)가 'BIGLOBE'라는 커뮤니티를 운영하고 있을 때, FIFA 월드컵 시즌에 프로모션을 하고 싶다고 해서 상담역을 맡은 적이 있다. 월드컵처럼 큰 이벤트라곤 하지만, 'TV로 경기를 보면서 주절주절 이야기하는 것'이 유저의 일반적인 행동이겠거니 생각했다.

"월드컵 커뮤니티를 만들면 페이지뷰가 급증할 겁니다."

이렇게 제안했지만, 그다지 수긍을 한 것 같지 않았다.

그렇게 월드컵이 시작되자, 아니나 다를까 '2채널' 서버는 다운에 다운을 거듭했다. 만일 BIGLOBE가 사이트를 만들어 프로모션을 했더라면 수많은 유저들이 접속했을 텐데, 기차는 이미 떠나버린 뒤였다.

논리가 있어도 들어줄 귀가 없으면 말짱 도루묵이다. 이는 곧 하나라도 큰 실적이 있으면 꽤 유리한 입장이 될 수 있다는 사실의 방증이기도 하다.

"지금 실적을 가지고 있는가?"

이렇게 자문해볼 일이다. 나 역시 처음에는 제안했다가 거절당하기를 여러 차례 반복했다. 거짓말이 아니다. 다만 이를 악물고 쓴맛을 참아내거나 하지는 않았다. 그저 호기심이 앞서 모든 경영자의 패턴을 망라하겠다는 각오로 임했다. 그랬더니 어느새 현장이 안정되는 것보다 편하게 돈을 버는 방법을 경영자 측은 더 좋아한다는 사실을 깨닫게 되었다.

어디에 문제점이 있고 어디를 막으면 되는가? 그 정곡을 탐색하는 과정을 즐길 수 있는가?

통신판매 아르바이트와 마찬가지로 사람들을 패턴화해 '이렇게 말하면 이렇게 대답한다'라는 모델을 머릿속에 그려나간다. 모든 패턴을 망라할 무렵에는 '2채널'이라는 실적이 이미 축적되어 있어서 단숨에 인생이 쉬워진 순간이 있었다. 계단을 오르내리고 있었는데, 어느 순간 엘리베이터를 타고 최상층에 도착한 듯한 느낌이었다. 앞에서 이야기한 의자 뺏기 게임처럼, 성공은 느릿느릿 찾아오는 것이 아니라 마지막에 도달하는 것이다.

돈벌이 위에 있는 것

지금까지 만나온 경영자 중에 편하게 돈을 버는 것을 부정하는 사람은 거의 없었다. 그곳을 공략하는 것이 정공법이다.

돈이 없다면 돈을 내줄 사람을 설득해서 데리고 온다. 우수한 엔지니어가 없으면 우수한 사람을 발견해서 발주한다. 인건비가 높으면 외국으로 일터를 옮긴다. 이것이 가장 효율적이었다.

그런데 미국인 경영자와 이야기를 할 때 충격을 받은 적이 있다.

"우리에게 돈은 문제가 되지 않는다. 왜 이것을 하는가? 그

의미는 무엇인가?"

이런 질문을 받았기 때문이다. 그 질문을 받는 순간, 의견이 정리되지 않고 뒤죽박죽되었던 기억이 있다. 대의명분을 추구하는 사람과는, 이제 남은 문제는 '성격'뿐이다. 느낌이나 가치관이 일치하는가 아닌가는, 남녀가 결혼하는 것과 같다. 설령 그 때문에 비즈니스가 잘 안 되더라도 속상해할 필요는 없다.

"이 사람은 무엇을 추구할까?"

그것과 일치시키는 데 집중하자.

인간의 뇌는 어느 정도 모델화해서 기억하는 구조로 되어 있다. 이것만큼은 경험을 쌓는 수밖에 없다. 그런데도 "실적이 없어서 안 된다"라고 하면 조용히 물러설 수밖에 없다. "일본에서는 이런 식으로 판단되고 마는구나" 하고 단념하자.

'리스크(Lisk)'라는 가상화폐가 있다. 이곳 창업자와 비즈니스와 관련한 이야기를 나눈 적이 있다. '리스크'를 모두가 사용하게 되어 편리해지는 것이 목적일 뿐 '매출을 올린다'라는 개념이 없었다. 어떻게 해야 편리해질까, 어떻게 해야 다른 서비스가 이용하게 될까만 생각할 뿐, 돈을 번다는 개념이 없는 비즈니스는 신선하고 재미있었다.

그런 일은 새로운 경험으로서 해보고 싶었다.

예측 불가능한 것에 대가를

한 번이라도 큰 실적을 올리고 나면, 패턴에서 벗어나는 것을 즐기는 영역으로 들어선다. 그렇게 되면 인생이 정말 즐거워진다.

이번 한 주를 돌아보았을 때 하나라도 '새로운 일'이 있었는가? 아이가 태어났다거나 전직이 결정되었다거나 하는 큼지막한 이벤트는 그리 자주 일어나는 일은 아니다. 그러므로 '새로운 사람을 만났다'거나 '새로운 것을 먹었다'거나 '새로운 개념을 알았다'거나 하는 사소한 것이라도 좋다. 뭔가 새로운 것을 하나 정도 들 수 있는가?

번득 떠오르는 것이 없다면, 그다지 인생을 즐기지 못하고 있을 가능성이 있다. 지금까지 이야기해온 것처럼 '한 손 비워두기'나 '타인과 조금 다른 부분 찾기' 등이 도움이 될 것이다.

나의 경우에는 다음과 같은 규칙을 정했다.

"예측 불가능한 것에만 돈을 지불한다."

모르는 고춧가루가 있으면 먹어본다. 본 적 없는 음료를 마셔본다. 혹은 이야기 중에 들어본 적 없는 키워드가 나오면 조사한다.

"지난 일주일 동안 '새로운 일'이 있었는가?"

꼭 자문해보길 바란다.

나는 가끔 유튜브 라이브를 한다. 그때 종종 듣는 질문이 "어떻게 그렇게 아는 게 많아요?"라는 것이다. 사실 나는 딱히 박식하지도 박학하지도 않다. 알고 있는 것을 말할 뿐이다.

다만 세속적으로 보면, 박식하게 보인다는 것은 당연하다는 듯이 하는 행동에서 차이가 생긴다는 의미일 것이다. 그것은 그야말로 '예측 불가능한 것에만 돈을 쓴다'라는 것이나 '모르는 것은 꼭 짚어본다'라는 습관 같은 것이다. 같은 장소에서 같은 음식을 먹고 같은 일을 하며 같은 사람과만 만난다면, 사람들 앞에서 말할 콘텐츠가 없는 것이 당연하다.

패턴화했다면 다음 단계로 나아가자. 다른 패턴을 즐길 수 있는 영역으로 가자. 예측 불가능한 것을 경험하자. 이렇게 함으로써 일에서도 인생에서도 어느 정도는 즐겁게 도전할 수 있다.

개인주의의 정도

이번 에피소드에서는 주로 일의 '패턴화'와, 거기에서 벗어나는 것을 즐기는 방법에 대해 이야기했다. 마지막으로 모럴의 유무에 대한 자기분석을 해보자. 왜냐하면, 그것을 확인한 이후에 나처럼 '일하지 않는 개미'가 될 소질이 있는지 없는지에 관한 마지막 에피소드를 이야기하기 위해서이다.

세상에는 좋은 유형과 나쁜 유형이 있는 것이 아니다. 자신의 유형과 맞는 일을 할 수 있는 사람과 맞지 않는 일을 하는 사람이 있을 뿐이다.

일개미는 일개미로서 사는 것이 옳다. 일하지 않는 개미는 일하지 않는 개미로 사는 것이 옳다. 그것을 나누는 결정적인 차이에 대한 이야기이다.

프랑스에 살면서 알게 된 사실 중 하나는 공중화장실이 적고, 가게들이 화장실을 잘 빌려주지 않는다는 것이다. 물론 손님에게는 빌려주지만, 손님 이외의 사람에게는 인색하다. 왜 그런가 봤더니, 다들 화장지를 가져가버리기 때문이라고 한다.

일본에서는 '아무도 안 훔쳐가지?'라는 모럴을 전제로 공중 화장실도 가게의 화장실도 설계되어 있다. 일부 사람이 가끔 훔쳐가기도 하지만, 모두가 그런다면 공중화장실은 유지될 수 없게 된다. 나는 그런 모럴적인 부분이 세계적으로 감소하는 추세가 아닌가 생각한다. 이 역시 시간문제가 아닐까.

경제적으로 힘들어지면 요령 있게 살지 않으면 안 된다. 장어나 참치가 절멸의 위기에 처해 있는 것과 같은 이야기이다. 전체적으로 모럴이 축소되어가고 있는 상황에서 '나 하나쯤은 그래도 되겠지'라고 생각하는 심리이다. 그 흐름은 불가역적이다.

나는 대학 시절, 돈이 너무 없어서 대학교 화장실에 있는 화장지를 가져갔었다. 물론 지금이야 하지 않지만, 만약 경제적으로 어려워지면 그런 행위를 다시 할 가능성이 제로는 아닐 거라고 생각한다.

이 같은 의식이 당신에게도 있을까? 있는 편이 좋다는 이야기도 아니고, 없다면야 더할 수 없이 좋다. 하지만 그만큼 사회에 여유가 없어지고 있음을 실감하고 있고, 나는 그런 사람들에게 생존 방법을 충고하는 입장에 서 있다고 생각한다.

전제가 좀 길어졌는데, 여기에서 한 가지 질문을 해보자.

당신이 길을 가다가 화장실이 너무 급해졌다. 그래서 들른 곳이 편의점이다. 편의점에서 화장실을 빌린 후 '뭐라도 안 사면 미안한데……'라는 생각이 들까? 껌이나 음료수 같은 100엔 정도의, 그냥 사둬도 될 뭔가를 당신은 살까? 아니면 아무렇지 않은 얼굴로 그대로 편의점을 나설까?

여기에 당신의 모럴 부분, 즉 개인주의의 정도가 드러난다.

"나는 '보답'을 해야 한다고 생각하는 유형인가?"

이것은 교육이나 환경에 따라 좌우되는 것이기도 하다. 가정교육을 잘 받은 사람이나 유복한 사람에게는 '보답'이라는 의식이 자연스럽게 싹트기 쉽다. 하지만 나처럼 가난한 단지에서 자란 사람은 그런 의식이 결여되어 있다.

그래서 내 개인주의의 정도를 마지막으로 들려주면서 이번 에피소드를 정리하고자 한다.

모순적인 이야기이지만, 편의점 점원 입장에서는 화장실을 빌렸다고 해서 당신이 뭔가를 사야 한다고 생각하지 않는다. 오히려 사든 안 사든 상관하지 않는다. 차라리 안 사는 편이 계산하지 않아도 되니 편할 수도 있다. 결국 그것은 당신의 기분

문제일 뿐이다.

나와 같은 사고방식으로 경영자를 보면, 유형의 차이가 강하게 느껴진다. 경영자라면 편의점 경영자 측에서 생각하게 될 것이다. 그러면 '화장실을 사용한 만큼 뭔가를 사야 매출도 오르지'라고 생각한다. 이때 '쉬엄쉬엄 일하면서 돈을 벌고 싶은 아르바이트생의 기분'에 대한 이해력은 작동하지 않는다.

모름지기 경영자란 다사다망하다. IT 기업의 경영자도 인터넷을 장시간 보거나 인터넷상에서 뭔가를 만들거나 하는, 이른바 '한가한 사람들'의 기분을 알 리가 없다. '인터넷 국민'의 기분을 모르는 경영진이 판단 권한을 갖게 되면, 사용자들을 기쁘게 할 기획을 선택할 수 없다고 나는 생각한다. 좋은 기획이 현장에서 올라와도, 서비스로서 세상에 나오지 못할 가능성이 높다. 그래서 기업이 커지거나 경영진이 바뀌면 서비스가 볼품없어지고 마는 경우가 잦다.

여기까지 '패턴화'를 이용해 주로 자기분석에 대한 이야기를 했다. 자신에 대해 알 수 있으면, 자신에게 편한 인생을 설정할 수 있다.

자기 자신에게 편한 인생은 무엇보다 즐겁다. 그도 그럴 것이

편하고 너그러우니까. 할 수 있는 일과 할 수 없는 일을 알면,
지금 해둬야 할 일을 알 수 있다.

"내일 할 수 있는 일은 오늘 하지 마라."

숙제를 팽개쳐둔 채 게임을 하고 있을 때의 죄책감은, 일종의
황홀감이다. 이것이 이번 에피소드에서 내가 해주고 싶은 이야
기이다.

하지만 이 기쁨을 만끽할 수 있는가 없는가는 각자의 유형에
달렸다. 당신은 어떤가? 게으를 재능이 있는가? 모럴은 남아
있는가?

일하지 않는 개미가 될 수 있는가?

Episode
07

일하지 않는 개미가 되어라

'여생'에 관한 이야기

2020년 지금, 나는 프랑스 파리에 살고 있다.

게임을 하고 영화를 보고 좋아하는 곳을 내키는 시간에 간다. 잘하는 것을 사업화해서, 그것을 이래저래 한가롭게 운영하며, 관심 있는 비즈니스나 재미있는 사람이 있으면 그곳에 투자한다. 그런 자유로운 생활을 하고 있다.

세상에는 '쉴 줄 모르는' 사람도 있다. 바다를 헤엄치는 참치처럼 멈추면 죽고 마는 유형이다. 나처럼 인생을 농땡이 치는 것도 재능일지 모른다.

개미를 관찰하노라면, 언뜻 게으름을 피우고 있는 것처럼 보이는 '일하지 않는 개미'가 있다. 그런 녀석들은 일개미가 운반

해온 먹이를 먹고, 일개미가 청소한 집에서 생활하며 한가롭게 산책을 한다.

'일하지 않는 개미'는 어슬렁어슬렁 산책을 하다가, 생각지도 않았던 큼지막한 먹이를 발견한다. 그리고는 집으로 돌아와 먹이가 있다고 알린다. 그럼 일개미들이 가서 운반해오는 것이다.

자, 당신은 어느 쪽 개미가 되고 싶은가? 게으를 재능을 가지고 있을까?

그런 독자들에게 '일하지 않는 개미를 강추하면서' 이 책을 끝맺고자 한다.

모든 것을 철저히 조사하라

'일하지 않는 개미'에게 필요한 소질은 두 가지로, '농땡이 부리는 것에 죄책감이 없다'와 '자기가 관심 있는 일에 몰두할 수 있다'라는 것이다. 이것은 요컨대 **'여생'**에 관한 이야기이기도 하다.

농땡이 부리는 것은 중요한 요소이다. 그 이유는 사회적인 배경에도 있다. 다들 살아 있는 한, 사람도 사회도 성장해간다고 착각하고 있다. 인생이 상승곡선을 그린다고 생각하는 '성장 편견'을 누구나 가지고 있다.

나보다 위 세대는 성장 편견에서 벗어날 수 없을 테니 어쩔 수 없다 치더라도, 25세 이하의 사람은 그런 감각이 약해져 있다는 것을 알 수 있다. 아마도 취직해서 몇 년 정도 지나면 급여가 그다지 오르지 않는다는 것을 알게 되고, 선배의 급여를 보고 자신의 머잖은 미래를 상상할 수 있기 때문일 것이다. 그렇게 무료한 하루하루가 계속된다. 그런 전제로 살면, 노력이 보상받지 않더라도 어떻게든 살아진다.

비즈니스의 경우를 생각하면, 미국과 중국의 기업이 어떻게 움직일까를 시야에 넣어두지 않으면 안 되는 시대가 되었다. 그들이 대규모 산업을 파괴해가는 흐름을 거역할 수 없으므로, 조금이나마 살아남을 것 같은 업계나 직종을 선택하게 된다.

세계 곳곳에서 두뇌들이 모여들어 높은 연봉을 줄 수 있는 미국. 자신들의 이익을 위해서라면 법률도 바꾸고 인건비도 압도적인 저임금을 자랑하는 중국. 이 두 나라가 공략해오지 않을 부분을 찾아내야 한다.

가령 일본의 '발포주'는 세계적으로 봤을 때는 무용지물이다. 발포주는 일본의 독자적인 주세 기준에 맞춰 만들어졌다.

보리의 비율 등에 따라 세금이 저렴해지기 때문이다. 그런 룰이 만들어낸 맛 없는 술이다. 내수용으로 만들어진 만큼 '세계 지향의 맛있는 맥주를 만든다'라는 룰과는 인연이 멀다. 하지만 일본의 국내시장에서는 발포주나 제3의 맥주로 성공할 장점이 많다. 외국을 전혀 몰라도 일본의 문화권 안에서 미묘한 차이를 포착해서 마케팅 센스를 발휘하며 살아남는 길이다. 앞으로 30~40년은 거뜬히 살아남을 수 있을 것이다.

다음은 일하지 않는 개미에게 필요한 또 하나의 요소인 '자기가 관심 있는 일에 몰두할 수 있다'에 대해 알아보자.

조사하는 것을 귀찮아하는 사람이 있다. 확실히 인터넷이 없던 시절에는 귀찮고 복잡했다. 하지만 컴퓨터와 스마트폰이 일반화된 현대에는 조사에 드는 비용이 거의 제로이다. 나는 '1%의 노력'으로 조사 하나는 철저하게 하는 편이다.

예를 들면, 제도에 관한 것. 당신은 '고향세(우리나라의 '고향사랑기부제'와 비슷한 맥락의 세금-옮긴이)'라는 것을 내고 있는가? 어차피 내야 할 세금이라면 답례품을 받을 수 있는 것이 좋다. 그 구조 자체를 보면 찾아보지 않을 이유가 없다. 그런데 "왠지 귀찮단 말이지!"라면서 알아보지도 않는 것은, 역시 좋지 않은 행동 패턴이라고 생각한다.

우리 집에는 10kg짜리 쌀이 배달되는데, 지금은 남아도는 실정이다. 처음에는 금액적으로 이익이라는 생각에 시작했는데, 다 소비하기 힘들 정도의 쌀이 오고 만 것이다.

또 "투자로 한 건 하고 싶다!"라는 사람에게 "iDeCo(자신이 거출한 보증금을 직접 운용하여 자산을 형성하는 연금 제도-옮긴이)와 NISA(NISA 계좌를 이용한 금융 상품의 개인투자가를 위해 2014년에 개설된 세제 우선 대우 제도-옮긴이)는 하고 있어요?"라고 물으면 안 한다는 대답이 돌아오곤 한다. 아니, 그 제도 자체를 모르는 사람도 있다. 세제에서 개인이 이득을 볼 수 있는 시스템을 국가가 일부러 마련한 것이니만큼 이용해야 마땅하다. 아주 잠깐만 조사하면 NISA나 iDeCo가 이득이라는 것은 누구라도 알 수 있다. 그조차도 조사할 수 없다면, 투자 같은 건 아예 안 하는 편이 낫다.

"조사하는 노력조차 아끼고 있진 않은가?"

몰라서 손해를 보는 것만큼 아까운 일도 없다.

참고로, NISA는 매년 120만 엔까지 다섯 차례 사용할 수 있으므로, 저축 중에서 600만 엔은 일단 모두 NISA에 넣는 것이 좋다. 이득을 본 수익에 대해 20% 정도를 과세하는 것이 보통인데, 이것이 면제되는 구미가 당기는 제도이다.

그런가 하면 나는 '싸면서 맛이 좋은 고기를 구매하는 방법'을 알아본 적이 있다. 〈스테이크 레볼루션〉이라는 다큐멘터리 영화를 좋아하는데, 그 영화에 따르면 스페인의 '루비아 가예가(Rubia Gallega) 소고기'가 세상에서 제일 맛있다고 한다.

일본에서는 마쓰자카규라는 소고기가 맛있기로 유명한데, 마쓰자카규는 인공사료를 먹고 자란다. 그래서 마쓰자카규의 정자를 훔친 투자은행의 부자가 그 정자를 사용해 태어난 소를 스페인에서 목초를 먹여 키웠다. 그리고 송아지 고기가 부드럽고 맛있지만, 원래 맛 자체는 나이를 먹은 소가 더 좋다. 조용하게 십 몇 년을 살아온 소의 고기가 기름기도 많지 않고 맛이 좋다.

다만 루비아 가예가 소고기를 일본에서 먹을 수 있는 가게는, 내가 알아본 바에 따르면 없다. 일부의 국가를 제외하고, 일본은 생후 2년 이내의 소고기만 수입할 수 있다는 룰이 있다. 그보다 나이 든 소의 고기는 수입할 때 일본의 검역소 규정에 부합하는 공장에서 해체했다는 증명서가 첨부되어야 하는데, 그 스페인 목장에서 자란 소는 수가 많지 않기 때문에 일부러 일본의 인증까지 받아가며 수출할 필요가 없는 것이다. 그 고기를 파리에서는 통신판매로 살 수 있다. 100g에 400엔 정도이다. 세계에서 제일 맛있는 소고기를 이 정도 가격에 살 수 있는 것이다.

아무튼, 관심이 있는 것은 철저하게 조사한다. 그리고 납득할 포인트를 찾는다. '일이니까 조사한다'거나 '어쩔 수 없으니까 조사한다'가 아니라, '알고 싶으니까 조사한다'를 출발점으로 삼는 것이 중요하다. 그렇게 과정을 즐길 수 있는 사람이 되자.

식육점을 응원하는 돼지

자기본위로 사는 '일하지 않는 개미'가 되기 위해서는 말귀가 좋으면 안 된다. 대부분의 일본인은 말귀가 좋다.

"식육점을 응원하는 돼지"라는 말은 내가 요즘 자주 쓰는 최애 문구이다.

언젠가 자신이 도살당할 상황에 놓인 돼지가 식육점 영업을 걱정한 나머지, 결국에는 도축되는 이야기이다. 나와는 상관없다고 생각할지 모르지만, 이런 상황을 여기저기서 목격할 수 있다.

잔업 수당을 지급하지 않는 기업이나 연금 자금이 부족한 일본 정부 등이 대표적인 식육점에 해당한다. 원래는 "돈을 달라!"라고 주장해야 할 입장의 사람들이, "아이고, 다들 고생이지, 뭐"라며 상대방을 걱정하며 용서하고 마는 것이다. 하지만 나중에 고생하는 것은 결국 자신들이다.

모든 사람이 임금을 올려주기를 바란다. 하지만 말하지 못할 뿐이다. 그렇게 분위기만 살피다가는 언젠가 자기가 당하게 된다.

"말귀 좋은 돼지가 되어 있지는 않은가?"

이것은 반드시 생각해볼 일이다.

세상에는 실력이 정확하게 수치화되어 있는 일이 그다지 많지 않다. 가령 당신이 패밀리 레스토랑의 점원이라고 해보자. 일하는 것이 힘드니까 적당히 해치우고 싶다. 하지만 잘리고 싶지는 않다. 그럴 때의 전략은 다른 점원들과 사이좋게 지내면서, "이 사람을 해고하면 나도 다른 곳으로 가겠습니다!"라고 말해줄 파벌을 만드는 것이다. 아주 열심히 일하는 것은 아니지만, 그렇다고 전혀 안 하는 것도 아니다. 그러니까 해고할 정도는 아닌 포지션이 되는 것이다.

어느 유명한 외국인 탤런트는 택시비를 깎는다고 했다.

'택시비를 깎을 수 있다고?' 하며 의아해하겠지만, 실제로 깎을 수 있다. 1만 5천 엔 정도의 요금이 나올 거리인데 "1만 엔밖에 없는데, 이걸로 가줄 수 없을까요?"라고 교섭한다. 또 호텔에 묵을 때도 "일주일 정도 묵을 예정인데, 20% 할인해주면 안 되겠습니까?"라고 묻는다는 것이다.

외국인조차 일본에서 그렇게 가격 교섭을 하는데, 일본인이 못 할 것도 없다. 이 역시 '1%의 노력'의 좋은 사례라고 할 수 있다.

어쨌든 당신은 교섭을 하거나 부탁을 할 수 있을까?

"하룻밤 재워주면 안 될까?"

이렇게 부탁할 수 있는 친구가 7명 있으면, 일주일이나 숙박비 없이 살 수 있다. 215페이지에서 이야기한 '보답하는 사람'처럼, 선물을 가지고 가야 한다는 생각이 있다면 '일하지 않는 개미'와는 거리가 멀다.

나 정도가 되면, 친구 집에 다른 친구를 불러 "한잔하자!"라고 해서 먹을 것과 술을 사오게 한다. 숙박비뿐만 아니라 음식비까지 공짜로 해결해버리는 것이다. "어떻게 그런 짓을?"이라고 할지 모르지만, 히치하이킹과 마찬가지로 이런 것도 '습관'이다.

아니면 지갑도 스마트폰도 안 들고 거리로 나서서 24시간을 보낼 수 있을까? 인간 역시 동물이므로, 개나 고양이나 새처럼 몸뚱이 하나로 외출해서 살아내지 못할 이유가 없다. 서점에서 책을 읽거나 공원에서 식물을 보거나 노숙을 하거나 해서 하루쯤은 지낼 수 있을 것이다. 이렇게 실험적으로 홈리스가 되어보면, 정신적으로 강해진다.

한번 해보면, 의외로 아무것도 하지 않아도 그럭저럭 잘 살아낼 수 있다는 것을 실감할 수 있을 것이다. 씩씩하게, 끈질기게 살아갈 비결이기도 하다.

과연 의미 있게 살 수 있을까?

나이가 들수록 일하지 않도록 패턴을 바꾸는 것이 좋은 데는 이유가 있다.

체력이 떨어지면, 그동안 해왔던 일을 똑같이 지속하기가 어려워진다. 역시 능력은 젊은 쪽이 유리하다. 경험이나 인간관계의 폭이 넓어지면서 나이를 먹는다면 좋겠지만, 10년간 아무 생각도 없이 그냥 지내온 사람에게는 아무것도 남지 않는다.

현장의 시스템을 만들고 있다고 가정해보자. 2차 하청을 받아서 하는 일에, 그 설명서를 난해하게 만들어두고 그것을 만질 수 있는 사람을 자기 자신으로 제한해두면, 그것의 유지만으로 쭉 먹고살 수 있다. 이른바 '업무의 블랙박스화'이다. 마치 의미심장한 것처럼 만들어둠으로써 자신의 포지션을 확립해버리는 것이다. 이와 같은 낭비가 기업에는 적잖이 존재한다.

자기 자신이 도피하기 위해서, 혹은 자신이 행복해지기 위해서 타인을 희생시키는 사람은 일정 수가 존재한다. 이것은 무능한 사람을 위한 생존 전략이다.

프리랜서와 같은 개인의 업무 방법도 마찬가지이다. TV에 나와서 1시간 정도 자신의 이야기를 했다고 치자. 그때의 출연료로 30만 엔을 받았다고 하더라도, TV에서 일단 흘려버린 이야기는 다른 강연회에서 재사용하지 못한다. TV에 출연하지 않고 일본 각지를 돌면서 세미나를 해서 생계를 이어갈 수 있다면, 그편이 훨씬 이익일지 모른다. 효율과 생산성을 고려하면

TV에서 한 번 이야기하는 것이 이득이지만, 먹고사는 것과는 또 별개의 문제이다.

살기 위해서는 경영자도 필사적이다. 나는 종종 '연기자보다 경영자가 훨씬 더 연기력이 뛰어나다!'라고 느낄 때가 있다. 아무렇지 않은 얼굴로 거짓말을 해서 돈을 끌어들여 회사를 존속시킨다. 이처럼 '거짓을 거짓이 아니게 하는 능력'이 있는 경영자가 훌륭한 경영자이다. 수십 초의 연기로 수백만 엔이 들어오느냐 마느냐가 결정되므로, 진실처럼 연기하지 않으면 안 된다. 마치 연극인 양 느끼게 하면 실패이다. 자연스러운 리액션을 해야 한다. 어떤 이는 진심으로 그렇다고 믿고 이야기하기도 한다.

정직한 사람은 비즈니스와는 거리가 멀다.

"블랙박스에 해당하는 부분을 가지고 있는가?"

이 책에서 비슷한 이야기를 여러 차례 반복했듯이 나는 약자의 편이다. 포지션을 확립하기 위해서 블랙박스화하고 있는 사람을 부정하지 않는다. 이 책의 서두에서 했던 '단지 사람들의 이야기'와 상통하는 이야기이지만, 자기 자신이 최우선이어야 한다.

파리의 일하지 않는 개미들

자, 이렇게 해서 단지의 일하지 않는 사람들 이야기로 돌아왔다.

전제가 바뀌었을 독자들에게, 지금의 내가 있는 프랑스의 풍경에 대해 말해주겠다. 파리에서는 홈리스가 멋진 자동차를 타고 출근한다. 관광객에게 상당한 돈을 받는 모양인지, 평범하게 자동차로 출근해서 돈을 벌어 돌아간다. 이른바 홈리스라는 직업을 구가하고 있는 것이다.

노숙자들의 모습을 관찰하다 보면, 묘하게 반려동물을 키우는 비율이 높다. 줄곧 같은 장소에 있는 사람인데도 가끔 반려동물이 바뀐다는 사실을 알 수 있다. 강아지나 새끼 고양이, 새끼 토끼 등 보고 있으면 보호해주고 싶어지는 동물들뿐이다. 다 큰 녀석들은 볼 수 없다. 이것도 어쩌면 업무의 일환으로, 귀여운 동물이 관광객으로부터 돈을 더 벌어들이는 것이 분명하다. 정말이지 모두가 끈기 있게 살고 있다.

목공을 부른 이야기도 있다. 쿨러를 교체하고 페인트를 다시 칠하고 셔터의 수리를 부탁하려고 사람을 불렀더니, 솜씨 좋은 프리랜서 목공이 왔다. 보통은 업자가 하청을 받아서 하는 패턴이 많다고 생각하는데, 그런 기업은 줄어들고 프리랜서로 일하는 사람들이 늘고 있다. 셔터의 수리만 부탁했는데, 창문틀에 기름칠도 해주고 집안 곳곳을 손봐주는 등 틀림없이 샐러리맨과는 맞지 않는 장인 유형이었다. 그렇게 프리랜서로 할 수 있는 일감을 찾아내는 사람이 살아남는 것이라는 생각을 했다.

또 프랑스인들은 여름이 되면 마르세유에 가고 싶어 한다. 마르세유에서 자가용을 운전할 수 있다면 금상첨화이지만, 거기까지 운전해서 가는 것은 싫어한다. 너무 멀기 때문이다. 그렇게 해서 시작된 서비스가 있다. 자동차가 없는 한가한 사람이 차를 가지고 있는 사람에게 1유로를 지불하고 파리에서 마르세유까지 차를 대신 운전해서 간다. 그리고 현지에서 자동차를 돌려주는 구조이다. 그렇게 하면 돈이 없는 학생은 싼값에 마르세유까지 갈 수 있고, 돈이 있는 사람은 비행기를 타고 유유히 마르세유에 가서 거기에서 자신의 자동차를 인계받는다. 프랑스뿐만 아니라 바캉스 문화가 있는 나라에서 유행하는 서비스이다.

또 에어비앤비(Airbnb)와 같은 형태로 지역의 요리를 파는 사이트도 있다. 파리에 있는 외국인을 대상으로, 가령 인도네시아인이라면 자기 집까지 오게 해서 인도네시아 요리를 대접한다. 그것도 5달러 정도의 싼값에 말이다.

이런 틈새 서비스가 증가한 덕분에 그들의 용돈벌이가 심심찮다.

"틈틈이 돈 벌 길도 있다."

거리에서 틈틈이 돈 벌 기회는 널려 있다. 그것을 긁어모아서 한가롭게 삶을 영위하는 사람들도 있다. 또 파리에서는 셰어사이클이 폐지되어 전동스쿠터의 렌트 사업이 유행하고 있다.

여기서도 독특한 돈벌이를 하는 사람들이 있다. 배터리가 다 된 전동스쿠터를 모은 다음, 자기 집에서 충전한 후 제자리에 갖다둔다. 그렇게 하면 3~5유로 정도를 받을 수 있다고 한다.

한밤중에 전동스쿠터를 모으고 있는 아저씨를 곧잘 목격한다. 이로써 회사는 유지 비용을 지출하지 않아도 되고, 시간이 남는 사람은 마음껏 충전하며 돈을 버는 방식으로 렌트 사업을 유지시키는 것이다. 참 멋진 일이다.

참고로 이 전동스쿠터는 30km/h 정도의 속도를 내기 때문에 법률적으로는 프랑스에서도 아웃이다. 하지만 20km/h 이하로만 달리도록 개인의 책임에 맡겨두고 있다. 일본에서는 결코 확산될 리 없는, 그레이존을 공략한 서비스이다.

전 세계에 선의는 있다

파리에 살면서, 이곳에도 아카바네의 단지 사람들처럼 다들 누추하긴 하지만 행복하게 살고 있는 사람들이 있다는 것을 알게 되었다.

지금까지 나는 미국 유학을 시작으로 전 세계 53개국을 가보았다. 외국에서 사람들의 사는 모습을 보고 그들과 많은 이야기를 나눠도, 역시 매번 생각하는 것은 같다. 요컨대 '죽어라고 열심히 살지 않아도 된다'라는 결론에 도달하는 것이다.

가난한 나라로서 인상적인 곳은 미얀마였다.

미국의 경제제재를 받고 있던 때의 미얀마에 간 적이 있다. 당시에는 신용카드를 사용하지 못하고 현금만 쓸 수 있었는데, 그 때문에 관광객도 적었다.

그곳에서 아침 산책을 하고 있을 때였다. 시장을 향해 걸어가고 있는데, 스커트처럼 보이는 롱지라는 의상을 걸친 현지의 아저씨가 말을 걸어왔다.

"아는 사람의 가게가 있는데, 소개해줄게요."

나는 순간, 어디론가 이끌려가서 내가 거기서 산 물건 가격의 마진이 그 아저씨의 몫이 되나 보다 생각했다. 그렇게 몇 개의 점포를 돌았지만, 나는 마음에 든 것이 없어서 결국 아무것도 사지 않았다. 그래도 특별히 뭔가를 사라고 종용하지 않았다. 아니, 되려 노점에서 하나에 1엔 정도에 팔고 있는 담배 같은 것을 사서 나눠주기까지 했다. 그러더니 "카페에서 차라도 마실까요?"라기에, '아하, 내가 차를 대접하는 것으로 끝나는 모양이군' 하고 생각했다.

카페에서 이야기를 나누는데, 평소에는 여행 대리점을 하는데 오늘은 쉬는 날이라고 했다. 그리고 카페를 나설 때는 글쎄, 그 아저씨가 내 몫까지 돈을 내주었다.

"왜 이렇게까지 저에게 잘해주시는 거죠?"

이렇게 묻자, "나는 세계 곳곳에서 사람들이 미얀마를 찾아와주길 바랍니다. 그런 만큼 여기 온 사람이 '미얀마는 좋은 나라'라는 인상을 갖게 되면 좋지 않겠소? 미얀마가 좋아지길 바라는 마음에서요"라고 대답했다.

그의 바람도 있고 해서, 나는 이 이야기를 기회가 있을 때마다 한다. 그리고 이 책에도 씀으로써 그에게 보답하는 셈이다.

이런 이야기는 미얀마 사람에 한정되지 않는다. 태국에서 왕궁을 보러 갔을 때, 일본어로 길 안내를 해준 사람도 있었다. "왜 이런 일을 하나요?"라고 묻자, "자원봉사"라고만 대답하고 그대로 가버렸다.

밀라노에 갔을 때는 팔찌를 선물 받기도 했다. "절대 돈을 줄 수 없다"라고 했더니, "그래, 돈은 필요 없어"라고 했다. 마지막까지 팔찌를 내 팔목에 둘러주면서 "아프리카를 위해(For Africa)"라고만 말하고 사라졌다.

필리핀의 편의점에서는 페소와 달러의 환전이 귀찮다며 모르는 사람이 날 위해 돈을 내준 적도 있고, 두바이에서는 버스 타는 법을 몰라서 횡설수설하고 있을 때 대신 버스 요금을 내준 사람도 있었다. 독일의 열차에서는 잘못 알고 일등석 객차에 타 있었는데, "기차표가 없으면 벌금이다!"라며 역장실로 끌려갔다. 하지만 벌금은 안 내고 주의만 듣고 풀려났었다.

세계 곳곳을 돌아다니다 보면, 곤란을 겪는 순간에 좋은 사람이 나타나 도와준다. 말을 걸어오면 말을 들어준다. 단, '돈을 내지 않는다'라는 규칙만은 엄격하게 정해둘 필요가 있지만.

아무리 나라도, 타인의 선의를 계속 받기만 하면 '좀 미안하게 됐는걸!' 하는 죄책감이 들곤 한다.

마지막에는 모든 것이 화젯거리가 된다

드디어 이 책도 마지막 단계에 접어들었다.

책이든 영화든 애니메이션이든, 해피엔드로 끝내야 잘 팔리는 건 틀림없다. 하지만 개인적으로는 배드 엔드의 작품을 좋아한다. 그것은 안 팔려도 좋으니까 현실을 가르치고자 하는 창작자의 에고(ego)가 담겨 있기 때문이다. 그들은 모두가 예상하고 있는 것과는 다른 뭔가를 전달하고 싶어 하는 사람들이다. 그런 작품을 보는 것이 공부가 되고 얻을 것도 많다.

하지만 이것은 소수파의 의견이다. 그러므로 조금이나마 도움이 될 내용을 마지막에 적기로 하자.

그것은 세상 모든 것이 '웃음의 소재'라는 것이다. 시험을 잘못 봐도, 취직이 좀처럼 안 돼도, 사업이 실패해도, 돈이 없어도, 집에서 친구와 술을 마시면서 자학적인 이야기를 하고 깔

깔깔 웃어젖힌다.

그걸 대신할 인생의 즐거움이 달리 또 있을까?

괴롭거나 힘든 상황에 처하게 되면, 머릿속에서는 '이거 나중에 분명히 화젯거리가 되겠군'이라고 생각한다. 이런 식으로 이야기할 수 있는 에피소드를 당신은 가지고 있는가?

"화젯거리가 될 이야기를 몇 가지나 가지고 있을까?"

이것이 마지막 사고법이다.

"이런 말도 안 되는 일이 있었다니까!"

이렇게 말해줄 사람이 당신 주변에 꼭 있기를 진심으로 바란다.

맺음말

18살 때, 나는 재수를 했다. 재수생이라는 말은 내가 그냥 하는 말이고, 요는 '무직의 남자'였다. 다시 말해, 레일을 벗어나 사는 사람. 그때의 경험은 내게 큰 자산이다.

'매일매일이 여름방학이잖아!'라고 생각했다. 입시학원에 가서 순수하게 공부를 좋아하는 유형이 있다는 것도 알았다. 그런 학생들과 싸우는 것은 바보 같은 짓이라고 생각했다. 좋아서 하는 녀석을 노력으로 따라잡을 수 있을 리 없기 때문이다.

연예인이나 스포츠 선수 혹은 작가와 같이 센스가 필요한 일이 있다. 노력은 센스를 이길 수 없다. 센스라는 자전거에 올라

탄 사람을, 아무리 죽어라 달려도 따라잡을 수는 없다.

인생에서 자신에게 맞지 않는 분야를 가지치기하는 것도 중요한 일이다. 자기분석을 하고 자신의 진정한 유형을 발견하자.

가만두어도 뭔가를 하는 유형과 진짜 아무것도 안 하는 유형이 있다. 전자는 하던 대로 해나가면 되지만, 후자는 소비자밖에 될 수 없다. 그러므로 서둘러 취직을 해서 그 회사에 매달려 살아가면 된다. 그런 방법도 있다.

내가 아는 경영자 중에 '중졸'을 무기로 삼고 있는 이가 있다. 경영자니까 학력 따위 아무래도 좋으련만, "중졸이라고 말하면, 상대가 꼭 따라붙어서 이야기를 들어주니까 편리하다니까"라고 했다.

일반적으로 결점이라고 생각하는 것을 되려 오픈하면, 성공률이 올라간다. 콤플렉스는 자기에게만 있는 비장의 카드로 바뀔 때가 있다. 그야말로 '1%의 노력'의 실천자인 셈이다.

오랜 시간 '관리인'을 해온 나는, 지금 '펭귄마을'이라는 커뮤니티를 운영하고 있다. '펭귄마을'의 촌장이다. 그곳에서는 TV나 만화에 대한 감상을 나누고, 상담을 하고, 허튼소리로 웃음을 나눈다. 그야말로 지역 커뮤니티나 이웃들과 원래 했던 왕

래를 인터넷을 통해 실시하고 있는 셈이다.

규칙으로는 '상대의 인격을 부정하는 것', '알게 된 개인정보를 누출하는 것' 등을 금지하는 정도이다. 트위터 등 현대의 인터넷 세계에서는 '매너가 나쁘다'느니 '세상을 어지럽힌다'느니 '불쾌감을 줬다'느니 하는, 누구에게도 실제 피해가 가지 않는 일에 정의를 내세우는 사람들로 들끓고 있다. '펭귄마을'은 그 것의 안티테제이기도 하다.

온라인 살롱처럼 의식이 높다거나 한 건 아니고, 매일 즐겁게 사는 것이 목적이다. 즐겁게 살기 위해서는 커뮤니케이션이 중요하다. 하지만 지금의 사회에서는 이웃들과 마음 가볍게 친해지는 것이 어렵다. 이에 대한 안타까움에 실험적으로 시작해본 것이다.

'나에게만 있는 것', '다른 사람이 좀처럼 생각하지 않는 것'이라는 무기로 승률을 높이거나 이겼을 때는 기분이 너무 좋다. 내가 가지고 있는 능력과 기능을 어떤 포지션으로 가져가야 인생이 편해질까? 이에 대해 늘 생각하다 보면, 인생이 다소 쉬워지고 간결해지며 즐거워진다.

당신에게 '1%의 노력'이란 어떤 것을 가리킬까? 그것은 당신

자신만이 정할 수 있는 일이다.

마지막으로 나의 전작《무적의 사고》와《일하는 방법 완전무쌍》에 이어, 나의 두서없는 이야기를 또 정리해준 다네오카 겐(種岡健) 씨에게 감사의 말을 전한다.

히로유키

부록

히로유키식 사고 총정리

이 책에 거론된 중요한 부분을 마지막으로 총정리한다. 한 순간 한 순간의 판단이 그 후의 인생을 좌우한다. 그 판단축이 되도록 꼭 돌이켜보길 바란다.

전제조건

사고 1. "에그 스탠드? 딱히 필요 없잖아?"

인생에서 모든 물건이 당신에게 필요한 건 아니다. 겨우 달걀만 올려두는 에그 스탠드가 사실은 필요 없는 것처럼, 단지 풍요로운 것처럼 보이기 위한 물건을 간파해낼 수 있도록 하자.

사고 2. "이 사람과는 '전제'가 다른 게 아닐까?"

자신과 다른 의견을 가진 사람이 있을 때, 섯아웃하는 것은 왠지 아깝다. '왜 그런 생각을 가지고 있을까?'를 예상해보면, 새로운 사고방식에도 너그러워진다. 어떤 사람에게든 배울 수 있다.

사고 3. "그들은 태곳적부터 줄곧 있었다."

상상력을 잃으면 안 된다. 내가 태어나기 훨씬 이전까지 생각을 펼쳐보자. 분명 친근감을 가질 수 있다. 편견도 없앨 수 있고 차별도 없앨 수 있을지 모른다.

사고 4. "나는 어떤 상황에서 무섭다고 느낄까?"

자기 자신의 저변을 생각해보고 '최악의 상태'를 상정해두면 좋다. 가능하면 직접 보고 체험해보라고 권하고 싶다. 여행, 영화, 책, 인터넷 등 수단은 얼마든지 있다.

사고 5. "사람은 권리를 지키는 생물이다."

실패한 사람에게는 실패한 이유가 있다. 그들을 받아들일 수 있는 시스템이 필요하다. 정신론으로 고무해봐야 의미가 없다. 실패한 사람에게도 인권은 있다. 당신 역시 언제 실패한 인간이 될지 아무도 모른다.

사고 6. "한 손은 항상 비워둬라!"

아무리 기회가 눈앞에 펼쳐지더라도, 그때 '여유'가 없으면 피해라. 두 손이 꽉 차 있을 때는 어떤 새로운 것도 시작할 수 없다. 우선은 손을 비워라. 스케줄에 여백을 만들어라.

사고 7. "돈이 없어. 자, 어떻게 하지?"

'돈을 내면 되지'라고 생각한 순간, 사람은 사고가 정지된다. 이웃의 도움을 받거나, 친구에게 빌리거나, 다른 것으로 대체하는 등 방법은 얼마든지 있다. 금방 돈에 의존하는 사람은 고독을 채우기 위한 소비밖에 못 한다.

우선순위

사고 8. "나에게 '커다란 돌덩이'는 무엇일까?"

항아리 속에 가장 먼저 '커다란 돌덩이'를 넣지 않으면, 나중에는 넣을 수 있는 공간이 없어지고 만다. 자갈이나 모래나 물은 나중에라도 얼마든지 넣을 수 있다. 그 순서는 오로지 자기가 정할 수밖에 없다.

사고 9. "이것은 논리의 세계인가, 취미의 세계인가?"

만사는 두 가지로 나뉜다. 논리가 통하는 영역과 그렇지 않은 영역. 후자를 '취미의 세계'로 치부하고 나면, 무모한 논쟁으로 에너지를 소모하지 않아도 되므로 편리하다.

사고 10. "그것은 회복이 가능한가?"

무엇이 낭비이고 무엇이 낭비가 아닌지는 판단하기 어렵다. 그것을 결정하는 비결은, 나중에 돌이킬 수 있는 것은 일단 낭비 쪽으로 분류하는 것이다. 나중에 돌이킬 수 없다면, 그것이 '지금밖에 할 수 없는 일'인 것이다.

사고 11. "나는 어느 목표를 향해 가고 있는가?"

목표는 구체적이지 않아도 되지만, 어렴풋하게라도 향하고 있는 방향은 정해두는 편이 좋다. 현실적인가 아닌가를 생각하지 않아도 된다. 언뜻 무모한 일처럼 보여도, 행동이 바뀌면 조금씩 가까워지게 된다.

사고 12. "세상은 참 쉽고, 의외로 잘 돌아간다."

'사회는 완벽해!'라고 믿고 있다면, 사고가 한참 유치하다. 회사도
학교도 정부도, 의외로 적당히 돌아가고 있는 부분이 있다. 어차
피 나와 다를 것 없는 인간이 운영하고 있을 뿐이다. 긴장할 필요
는 없다.

사고 13. "이 일, 고교생도 할 수 있는 거 아닌가?"

자기 일에 자부심을 갖는 건 자유이지만, 그 정도로 어려운 일을
하고 있나? 학생에게 매뉴얼만 주면 할 수 있는 일 아닌가? 좀 더
레벨이 높은 일을 할 생각은 없나?

사고 14. "나에게는 뭐가 스트레스일까?"

일단 한번 해보고, 싫다 싶으면 그만둔다. 자기에게 안 맞는 일을
경험해두면, 그것을 피할 수 있다. '도피'라고 생각하지 않아도 된
다. '수명이 늘어났다'라고 생각하면 된다. 자기 자신을 납득시키
는 것도 하나의 능력이다.

니즈와 가치

사고 15. "좋은 것은 좋다. 그냥 좋으니까."

'왜 그것이 좋은가?'는 모두 나중의 일이다. 이유 따위는 의미가 없다. 좋은 것을 그냥 하면 된다. 다만, 설명할 수 있도록 해두면 편리한 것은 틀림없다.

사고 16. "없어지면 곤란한 체험은 뭘까?"

호불호로 일을 하는 것은 권하고 싶지 않다. 그것은 니즈를 잘못 판단할 수 있기 때문이다. 그런데 니즈는 어디에 있는가? '이게 없어지는 건 싫어!'라고 생각되는 것, 거기에 니즈가 숨겨져 있다.

사고 17. "무엇이든 지나치게 커지면 이윽고 '공존'한다."

어중간하게 두드러지면 주위에 의해 묻히거나 부서지고 만다. 그렇게 되지 않기 위해서는 먼저 '수(數)에 따른 영향력'을 만드는 것이 포인트이다. 조심스럽게 돌다리를 두드리고 건너기보다, 단호하게 밀고 나가는 것도 때로는 중요하다.

사고 18. "식칼은 아무 잘못이 없다."

새로운 것이 등장하면 반드시 문제가 발생한다. 중요한 것은 그 문제가 발생했을 때, 해상도를 높여 '무엇이 나쁜가'를 정확히 특정하는 것이다. '왠지 잘 모르니까'라는 이유로 뭉개버리는 일은 피하자.

사고 19. "당했을 때만 되갚는다."

우선은 상대방을 믿는 것이 이득이다. 악의를 가지고 공격받는 일은 드물다. 다만 공격받았을 때는 당장 되갚도록 하자. 속절없이 믿고 있다가는, 그것은 그것대로 손해 보는 인생을 살게 된다.

사고 20. "누구나 한마디쯤은 하고 싶어 한다."

세상 사람 모두 자기가 옳다고 생각하고 평론가라도 되는 양 살고 있다. TV 앞에서도 인터넷 앞에서도, 다들 너도나도 자기 좋을 대로 말한다. 사회는 그런 식으로 돌아가고 있다는 것을 전제로 생각하자.

포지션

사고 21. "장소가 있으면 사람은 움직이기 시작한다."

사람은 의욕이 있어서 움직이는 것이 아니다. 움직이고 싶어지는 환경이 있을 때, 비로소 움직이기 시작한다. 중요한 것은 장소이다. 아무 기력도 없는 듯이 보이는 사람도, 장소를 바꾸면 전혀 다른 사람처럼 움직인다.

사고 22. "제삼자적인 지점을 찾을 수 없을까?"

하나의 세계만 알면 거기에서 경쟁하는 것밖에 달리 길이 없다. 두 개의 세계를 알면, 그곳을 오가며 외부에서 의견을 말할 수 있는 '제삼자'가 될 수 있다. 객관적인 시점은 밖에서 보지 않으면 얻을 수 없다.

사고 23. "진심을 말한다. 그리고 정중히 사과한다."

누가 의견을 물으면, 언짢지 않게 두루뭉술 말한다고 해도 별수 없다. 느낀 바를 솔직히 말하는 편이 좋다. 다만, 나중에 틀렸다는 걸 알았을 때는 정중히 사과하는 것이 중요하다. 그것이 신뢰로 이어진다.

사고 24. "언제든 발신자는 강하다."

집단에서는 먼저 의견을 말한 사람의 입장이 강해진다. 옳고 그름보다 가장 먼저 말하는 것이 중요하다. 그것도 하나 마나 한 뻔한 이야기보다 주위 사람을 깜짝 놀라게 할 뜻밖의 의견이 포지션을 확보하는 데 유리하다.

사고 25. "현장 레벨의 서브 스킬을 익혀두자."

자신의 의견에 설득력을 더하기 위해서는, 증빙이 될 스킬이 필요하다. 한 번도 공을 차본 적 없는 사람이 축구에 대해 이야기한다면 누구도 들어주지 않는다. 만담을 심사할 수 있는 사람은 만담을 해본 사람뿐이다.

사고 26. "일본인 1억 명에게 어필하다."

인터넷으로 인해 일본인은 분단되어 있다고 하는데, 세계에서 보면 여전히 균질화되어 있다. 전 국민이 알고 있는 탤런트가 있는가 하면, 어느 마을에 가나 같은 이름의 가게나 상품이 즐비하다.

사고 27. "남들과 약간 다른 점은 무엇인가?"

비슷한 유형의 인간이 많은 데서 약간의 차이는 무기가 된다. 자기에게는 당연하고 이제 와 새삼 말할 것도 아닌 것이, 타인에게 는 재미있는 포인트가 되기도 한다.

사고 28. "특수한 포지션의 기회가 왔을 때, 번쩍 손을 든다."
체험해보지 않은 것은 당장 도전해볼 일이다. 앞뒤 사정은 따지지 않는 것이 중요하다. 잘되면 잘돼서 좋고, 설령 잘 안 됐더라도 모르는 걸 배웠으니 좋다. 어느 쪽이든 이득이다.

노력

사고 29. "마지막에 승리하기 위해서는 어떻게 하면 좋을까?"
과정이야 어찌 됐건 결과가 좋으면 사람들은 평가해준다. 도쿄대 졸업이라고 하면, 틀림없이 머리가 좋다고 오해한다. 아무리 공부를 열심히 했어도 대학에 합격하지 못하면 아무도 좋게 평가해주지 않는다.

사고 30. "톱의 판단이 옳으면, 아랫사람이 '적당히' 일해도 잘된다."
톱의 책임은 막중하다. 한 번의 판단이 잘못되면 전원이 죽음에 내몰릴 수도 있다. 반면, 현장 직원은 맡은 일을 할 뿐이므로 한 사람이 실패했다고 해도 전체에 미치는 영향은 적다.

사고 31. "노력은 남에게 강요하지 않는다."

'내가 열심히 노력하는데 너도 노력해야지!'라는 에고는 버리자. 노력하고 싶으면 혼자 노력하면 된다. 노력을 노력이라고 생각하는 순간부터, 좋아서 하는 사람에게는 결코 이길 수 없다.

사고 32. "경쟁이 필요 없는 곳을 공략하라."

노력할 줄 아는 것도 재능 중의 하나이다. 그 재능이 없는 사람은 편하게 결과를 낼 수 있는 곳을 찾도록 하자. 타인과 경쟁하지 않아도 될 장소가 반드시 있을 것이다.

사고 33. "나는 '좋은 사람'으로 평가받고 있는가?"

자기 일만 재깍재깍 해치우는 것이 능사는 아니다. 거기 있는 것만으로 분위기를 밝게 하는 것, 커뮤니케이션을 원활하게 하는 것. 그런 재능은 무시할 수 없다.

사고 34. "이것은 유전자 때문인가, 환경 때문인가?"

자신의 노력만으로는 어찌해볼 수 없는 영역이 있다. 유전자 때문일지도 모르고 환경 때문일지도 모른다고 상상력을 발휘해보자. 포기할 수 있는 부분과 노력할 수 있는 부분을 나누어 생각해볼 수 있다.

사고 35. "나는 선배에게 반항할 수 있는가?"

권위에는 무조건 약한 사람이 있다. 그런 사람은 무리하게 초조해하며 감정을 소모할 것이 아니라 순종하며 사는 편이 행복하다. 이상한 건 이상하다고 말할 수 있는 사람이라면, 싸울 여지도 있다. 당신은 어느 유형인가?

패턴화

사고 36. "초심자 이외의 사람이 할 수 있는 일은 무엇일까?"

무에서 유를 만들어내는 크리에이터와 같은 삶은 멋있다. 다만, 그것만으로는 사회가 성립하지 않는다. 그 밖의 것에도 관심을 갖자. 개선하고 유지하는 것도 훌륭한 능력이다.

사고 37. "오늘은 어떤 실험을 해볼까?"

일이 재미있는가 무료한가는 자신의 노력에 따라 어떻게든 할 수 있다. 테마 하나를 정해 결과를 검증해본다. 그것만으로도 일은 게임이 된다. 인생도 마찬가지이다.

사고 38. "주변에 지원하고 싶은 사람이 있는가?"

재능이 있는 사람을 곁에서 지원하는 길도 있다. 그 사람이 최고의 퍼포먼스를 발휘할 수 있도록 내가 지원할 수 있는 일은 무엇일까? 능숙하게 보필할 수 있는 유형이라면, 그 스킬을 갈고닦자.

사고 39. "여름방학 숙제를 어떤 방식으로 했더라?"

짜여진 스케줄로 주어진 숙제를 어떻게 해결할까? 초등학생 때부터 그것을 테스트 받았을 것이다. 거기에 일하는 유형이 표출되어 있다. 그 유형에 거역하지 않고 살아가는 것이 현명하게 사는 길이다.

사고 40. "지금 실적을 가지고 있는가?"

실적이 있느냐 없느냐는 거짓말해도 소용없다. 실적이 있으면 일은 단번에 이미지 게임이 된다. 실적이 없는 동안은 잘 안 되는 일이 많으므로 횟수를 늘릴 수밖에 없다. 의기소침해져도 어쩔 수 없다.

사고 41. "이 사람은 무엇을 추구할까?"

비즈니스 이야기를 할 때, 상대방이 무엇을 추구하는지에 포커스를 맞추자. 그것이 자신과 일치하지 않는 한, 잘되는 일은 없다. 추구하는 것에 따라 그 사람을 패턴화할 수 있다.

사고 42. "지난 일주일 동안 '새로운 일'이 있었는가?"

인생을 즐기고 있는가? 그것은 "최근 이런 일이 있었어!"라고 말할 수 있는 것이 있는가 없는가로 알 수 있다. 일상이 같은 일의 반복은 아닌지, 자극을 받고 있는지 자문해보자.

사고 43. "나는 '보답'을 해야 한다고 생각하는 유형인가?"

현대는 개인주의의 시대가 되었다. 자기 일로 머릿속이 가득 차고 여유는 차츰차츰 사라지고 있다. 그래도 자신에게 모럴이 있는가 없는가, 한 번쯤 확인해보자.

여생

사고 44. "조사하는 노력조차 아끼고 있진 않은가?"

한가롭게 사는 비결은, 철저하게 조사하는 습관이 있느냐 없느냐로 정해진다. 아는 척하는 것이 아니라 납득할 때까지 조사할 수 있는가? 배움을 귀찮아하지 않아야 인생이 즐겁다.

사고 45. "말귀 좋은 돼지가 되어 있지는 않은가?"

나중에 손해 볼 것이 명확한 경우, 반드시 이의를 제기해야 한다. 상대방을 배려하기만 해서는 언젠가 큰 낭패를 보게 된다. 돼지는 잡아먹히기 전에 식육점에서 도망쳐야 한다.

사고 46. "하룻밤 재워주면 안 될까?"

타인에게 의지할 수 있는가? 돈이 없어도 숙소나 식사를 어떻게든 해결할 수 있는 사람은 씩씩한 인생을 살 수 있다. 무엇이든 부탁할 수 있는 친구를 한 사람이라도 만들 수 있는 삶을 살길 바란다.

사고 47. "블랙박스에 해당하는 부분을 가지고 있는가?"

세상에는 약자가 훨씬 많다. 약자는 약자 나름의 지켜야 할 것들을 지키자. 정직하게 살 필요는 없다. 권리는 주장하고, 먹이는 놓치지 마라. 자기 인생은 스스로 지켜라.

사고 48. "틈틈이 돈 벌 길도 있다."

여생을 한가하게 살기 위해서는, 자신만이 할 수 있는 일을 최소 하나라도 가지는 것이 포인트이다. 거리를 둘러보라. 돈이 될 만한 것이 의외로 사방에 흩어져 있다.

사고 49. "화젯거리가 될 이야기를 몇 가지나 가지고 있을까?"

실패를 실패로 끝내지 않을 테크닉이 있다. 그것은 바로 '화술'이다. 자학적인 이야기로 동정을 사기보다 화젯거리가 되어 웃음을 선사하는 편이 낫다. 세상사 모두가 화젯거리이다. 성공만이 전부는 아니다.